学会说服

刘策·著

HOW TO PERSUADE PEOPLE

黄河出版传媒集团
阳光出版社

图书在版编目（CIP）数据

学会说服 / 刘策著. -- 银川：阳光出版社，
2017.9
ISBN 978-7-5525-3866-3

Ⅰ.①学… Ⅱ.①刘… Ⅲ.①说服－语言艺术－通俗
读物 Ⅳ.①H019-49

中国版本图书馆CIP数据核字(2017)第233295号

| 学会说服 | 刘策 著 |
| --- | --- |

责任编辑　靳红慧　李亚萍
封面设计　晨　皓
责任印制　岳建宁

黄河出版传媒集团
阳 光 出 版 社 出版发行

出 版 人　王杨宝
地　　址　宁夏银川市北京东路139号出版大厦 （750001）
网　　址　http：//www.ygchbs.com
网上书店　http：//shop129132959.taobao.com
电子信箱　yangguangchubanshe@163.com
邮购电话　0951-5014139
经　　销　全国新华书店
印刷装订　宁夏精捷彩色印务有限公司
印刷委托书号　（宁）0006490

开　　本　720mm×980mm　1/16
印　　张　12
字　　数　200千字
版　　次　2017年9月第1版
印　　次　2017年9月第1次印刷
书　　号　ISBN 978-7-5525-3866-3
定　　价　36.00元

# 前　言

## 一

　　学会说服别人，关注久矣。那时，几件重要事情凑在一起，都有说服的任务。于是，脑子里反复呈现"怎么张口才好，说什么，怎么说，对方能否接受我的看法"诸如此类的问题。因为，亟须搬掉行进中的障碍，尽快把事情"摆平"，所以特别渴望有说服的"神力"。

　　说服是人生的必修课。细细想来，以我的人生经历和经验，说服的任务就摆放在那里，时时困扰路途中的步履，每每相遇，都成为一次考试，能否及格，获得理想的成绩，充满期待。

　　有时，说服意义来得重大，成为一座亟须攀爬的山峰，竟然酿成人生的"机遇"，关乎成败。

　　对那些以"说"为业的演说家、媒体人、评论员、律师、教师来说，说服简直就是一种"专项工作"，成为体现能力大小、水平高低、业绩高下的一把尺子。

　　"说出的话泼出的水"。话是说了，对方"服"还是不服，是口服心不服，是口不服心服，还是口服心服，常常让人纠结。成功的说服，可以借得力量为我所用，心存喜悦；不理想的说服，事与愿违，甚至有所得罪，心存忧虑。

其实，就人生而言，如何说服别人，既眼前又长远，既琐碎又重大，是一生需要面对的功课。

## 二

说服与你相伴相行。清早起床，家庭主妇一天的说服工作便拉开序幕。孩子出门上学，需要"说服"："宝贝顺着人行道走，过马路看着指示灯！""咱们不进模型游戏商店可以吗？做得好，星期天妈妈要有奖励的。"

机关也好公司也罢，交代工作协调关系，会见客户开展谈判等等，说服工作便款款展开。细心观察，通常的工作，大多都与说服有关，而且频频出现，往往成为展开工作的主题、内容或目的。

朋友也好家庭也罢，潜心交流团队合作，真诚告诫寻求帮助等等，说服工作便款款展开。不难发现，生活中的说服比比皆是，往往成为待人接物、协调关系、处理事物的能力。

其实，就待人处世而言，如何说服别人，既表面又实际，既平凡又深刻，是常常必须面对的话题。

## 三

"学会说服别人"就是学习掌握说服技能。说服作为一项技能，成为衡量人生能力、品味格调和生活质量的尺度。所以主动学习积累提升，显得格外重要，而且越早着手越好，尤其对于将要步入社会或正在行进中的青年人更有意义。

以我多年的探索和实践，说服工作虽然十分复杂，涉及因素颇多，有态度、环境、心理、情绪、语言、运作、时机、忌讳等诸多不确定性，但还是可以参照社会标准和普遍做法，捋出一些头绪，找出脉络线索，寻求借鉴，得到启发，用于实际，收获裨益。为此，本书以提高您的说服技能着手，做了以下努力：

一是系统。试图把说服过程中需要注意的关键点、环节和过程展示出来，利于全面把握说服的一般常识、技法特点、有效案例，针对不同说服的对象，制订应对方案，达到说服目标。

二是提炼。试图找出说服在通常情况下，能够摸得着、拿得住的一般规律。

三是实战。以实际为基础谋篇，以致用为愿望布局，以化解为目标诊脉，触及病灶，对症下药，实实在在帮助您搬掉说服中可能遇到的障碍，取得比较理想的说服效果，是本书的用意所在。

祈愿您有所获益，不胜感激。致谢！

作　者

2016年6月6日

# 目　录

第三章

# 说服的常用技法

第四章

# 不同对象的说服

第五章

# 说服方案的制订

# 第一章　你需要说服别人

## 一、沟通需要说服

生活离不开交往。小而言之，人是家庭之人，大而话之，人是社会之人。人从出生来到这个世界，需要生活、学习和工作，而这一切都离不开人与人之间的交往，自觉或不自觉地要融入家庭和特定的社会环境之中，成为其中一分子。只不过所处的环境不同，交往的范围和程度不同罢了。世界著名的思想家亚里士多德说："一个人不和别人打交道，不是一个神就是一个兽"。

交往需要沟通。交往需要人与人之间相互接触、传达情况、交流信息，把自己的想法告诉对方，希望对方把想法告诉自己，相互认可所想所为。

交往是一个沟通的过程，一切交往从沟通开始。正是人们之间的有效沟通，认同才能被梳理出来，才能凝聚成力量，展开各种有序活动。可以说，沟通是促成交往的一条有效通道。

沟通在说服中进行。你在社会上原本孤立无援，或者举目无亲，需要融入社会，进入环境，适应变化，于是有了越来越多的交往，有了越来越多的沟通，说服工作也就随之而来。

在我们生活中，这种说服性的沟通，时时刻刻都在发生。老师和学生沟通，是用知识和道理在说服学生，让学生认同老师所讲，以达到传道授业解惑的目的。同样，演说家、新闻工作者和不同群体沟通，是用自己的方式在开展说服工作，引导教育社会大众，认同自己的观点。律师与人沟通，是用法律进行说服，以此规范人们的行为，告诉你可以做什么，怎么去做，不能做什么。

其实，人与人的沟通大都是以相互说服为路径的。大到一个国家的领袖，小到一个家庭的个人，说服工作都渗透在沟通之中。从某种意义上说，生活的一个重要内容就是开展说服，而这种说服甚至到了无时不在的程度。即便你一个人的时候，也需要自我沟通，需要自己说服自己，因为自己认可的道理，往往就是比较判断的一个认知过程，起着决定你行为的作用。

交往伴你终生，与人们的沟通就不能停止，而说服工作也会形影相随。以说服为职业的人更是如此。


## 二、合作需要说服

生活离不开互助。人们无论做什么事情，无论生活、学习和工作，都不同程度地需要别人的帮助。"人人为我，我为人人"，别人帮助你，你也要学会帮助别人。

其实，生活中的你并不孤单，往往有与你同行的人，或志同道合，或兴趣相投，或各有所需，凡此种种，就会产生互助的需求，相互帮助就可能成为现实。"一个篱笆三个桩，一个好汉三个帮"，即便是有相当本事的英雄，一个人的力量也有限，也需要汇集众人的力量。我们看到，为实现理想目标，一群同行之人，正用不同方式行进在相互扶持的路途上。试想，如果一个人独来独往，不愿意与别人接触，那么，你所能获得的信息和资源就会受到限制，直接影响到行进的步伐。

互助需要合作。当今社会进入知识经济时代，"鸡犬相闻，老死不相往来"的农耕社会早已过去，工业化和后工业化分工协作的理念和做法，已经渗透到生活的各个角落，人们之间的互助已经成为有效的合作。为谋事做事，设立一个团队，甚至建立一个团体；为实现理想，设立一个组织，甚至建立一个政党，已经成为合作起来的常态方式。

合作已经成为人类社会得以发展的力量，成为人们事业成功的土壤。

合作在说服工作中进行。既然人们之间离不开合作，说服就为建立这种合作关系，提供了实现的路径。说服工作承载着真诚的意愿、共同的理想、宽阔的胸怀等因素，按照不同的方向和需求，把不同的人们组合起来。

说服架起了合作的桥梁。就拿孩子来说，从小学会与人相处、合作，对其一生都有益。作为家长要让孩子知道其中的道理，让他们明白在这个世界上，很多事情靠一个人的力量是做不到的。要学会与人相处，得到帮助，学会想办法说服别人一起行动、一起去做事情，"众人拾柴火焰高"。同时，告诉孩子，这种合作是双向的，你可以说服对方，让别人帮助你；对方也可以说服你，得到你的帮助，你们可以成为合作共事的伙伴和朋友。因此，要提高孩子与同伴合作的意识，激发孩子与同伴合作的愿望。

说服是推进合作的润滑剂。会说的，说得好的，就可能产生良好的效果，在合作的平台上，发挥应有的作用，促成实现合作，不断深化合作内容。反之，不仅达不到目的，还可能得罪人，甚至结下冤家。这样的实例不在少数。

实际上，政治家、社会活动家，为实现自己的理想，完成自己的使命或任务，都需要具备说服别人与之合作的能力，让更多的人认同自己跟随自己。那些通过民选产生的领袖，那些心存梦想的人，毕生都在训练提高说服别人的本领，让更多的人相信，我们需要合作。他们的说服简直就是传递梦想的火炬，播撒着活力四射的火种，带领人们越过高山、走出山谷，进入葱茏一片的绿洲。

历史上，林肯、罗斯福、丘吉尔、马丁·路德·金、蔡元培、胡适、鲁迅等等，为了实现自己的远大抱负，从探索说服别人的实践中向我们走来，他们身后追随者的脚步如洪流涌动，不可阻挡，是说服的力量拓展了他们的事业，凝聚起人生的力量。

社会需要互相帮助，人们之间的合作就不能停止，而说服工作也会随之而来，成为促成合作、深化合作的直接动力。


### 三、说服人不容易

学会说话不容易。说话是为了交流。也许你会说，这有谁不会呢？人生在世上，没有不会说话的人。的确，我们都能说话，但未必会说话，未必是真正意义上的"会说话"。

会说话，是指在不同的场合，对不同的人，用适当有效的方式去表达，用恰当的语言打动对方。人才不一定会说话，但是会说话的人一定是人才。

口者，心之门户也，会说话，有着比较高的标准：言之有物、言之有序、言之有理。若还能做到言之有礼、言之有文、言之有情、言之有趣，说话又进入了一种境界。

会说的，态度谦和，彬彬有礼，话题婉转，用词贴切，条分缕析，以理服人，让人听得舒服，心悦诚服；不会说的，态度傲慢，高高在上，话语粗糙，用词不当，缺乏条理，甚至强词夺理，无理搅三分，让人听了心里不舒服，还可能直接争辩对立起来。

能够把话说得正确、说好、说生动了，其背后体现出的是思想、思维、逻辑、知识、礼数、幽默和自信，能够表现一个人的综合能力。

实际上，说话未必比写文章容易。文章若写不下去了，可以放下笔思考思考，思考成熟了，再动笔。说话不然，说出的话等于泼出的水，往往是覆水难收。历史上因为一句话发达的有之，因为一句话丢掉性命的也不乏其人。

开展说服更不容易。面对千差万别的说服对象，如果想把对方说得口服心服，不但要会说话，还要有目的地说话，有针对性地开出药方，把握药的剂量、熬药的火候和吃药的时机，这等于一个有目的性的系统筹划。显然，说服是"会说话"基础上的提升。

我们说服别人的结果大体上有几种可能：

一是说而不服。话不对卯，产生隔阂，说不到一起，分道扬镳。

二是口服心不服。话不对卯，产生隔阂，说不到一起，只是碍于同事朋友情面，或碍于领导面子等等，表面不争辩，好像服了，但内心并不服气。

三是心服口不服。话已经深入内心，对方确实认同了你的想法，只是碍于众人在场，碍于自己的脸面，嘴上不服"软"。

四是口服心服。说得由表入里，入木三分，你所想的，我都想到了，没有想的，我也想到了，让你服服帖帖。

《战国策》中有个说服人的名篇——《触龙（zhe）说赵太后》。赵太后刚刚执政，秦国就趁机加紧进攻赵国。赵国向齐国请求支援。齐国的条件是："一定要用赵太后的小儿子长安君来做人质，才能出兵。"大臣们竭力做说服工作，赵太后却拒绝让儿子作人质，并放出狠话："有再说长安君去做人质的，我老婆子就唾他一脸唾沫！"一时间万马齐喑，谁都不敢出来说话。面对国家的危机，左师触龙分析揣摩太后的心理，用迂回婉转的"潜移默化法"（见第三章第49页），平息了赵太后的怒气，告诉赵太后，爱子女应该为他们作长远打算，让他们为国家建功立业，以求得应有的地位，而不能让他们"恃无功之尊，无劳之奉"。通过高超的说服工作，让赵太后明白怎样才是心疼自己孩子的道理，同意派小儿子到齐国做人质，使国家避免了一劫。

说得让对方口服心服，并不是人人都能够做到的，左师触龙凭借个人良好的素质和说服技能，说服了位高权重而又性格固执、爱子心切的赵太后。可见，说服工作不是凭谁都能拿得起来的，其中有很多需要学习的东西。

### 四、说服是门学问

何为说服。说服，通常作动词使用。"说"和"服"两个词素之间是动补结构，真正表示动作的是"说"，"服"表示"说"的结果，是修饰补充前面的"说"的。从字面理解，"说服"就是"说"而使之"服"，"说"的目的是让别人"服气"。

说服——以求得对方理解并行动作为目的，进行谈话的活动。是用理由充分的话使对方心服，让对方产生自发自愿的意志。你说的对方听进去了，愿意接受你的看法、意见和建议，自愿按照你所说的去做，就是把对方说服了。

说服≠强迫，不是迫使对方在无奈下付诸行动，更不是用权势来压倒别人，而是用你的真诚使对方信服。如果单方面叙述自己的想法，或将自己的想法强加在对方头上，就不叫说服，就失去了说服的意义，说服不可能获得成功。

说服要有原则。"己所不欲勿施于人"是说服的根本原则。自己不愿做的事情，最好不要强求别人去做。说服的目的是让对方沿着正确的、良好的方向去努力、去行事。只要对方能够照着你说的去考虑、去做了，总是可能获得理想的回报。

说服≠欺骗。欺骗就是心术不正，用虚伪的言行隐瞒真相，使人上当。说服的心思所用，决定你在真说服，还是假说服，是诚心诚意帮助对方，还是假心假意忽悠对方，甚至欺骗对方往"沟里"跳。所以说服是良心活，劝人往好处走，自己首先要心存善良、做一个好人。

说服产生力量。"说"充满能量，是有力量的。这种力量就称作"说服力"。

说服用力方向是让对方发自内心地认同。因此，你的说服必须能引起对方态度、情感上的转变。一个人如果能够影响另一个人的态度、感觉、决策以及行动，就是具备了说服力。

拿破仑与一路同行走来的将士就要开赴新的战场，此前，拿破仑开展了说服工作。那是1796年5月15日，拿破仑和他的军队进驻意大利古老的城市米兰，他以胜利者的骄傲向士兵发表了演说。他深深懂得士兵为了荣誉是可以不惜一切的。他赞扬和鼓励士兵："你们取得这样多的胜利使祖国充满喜悦。你们的代表规定了节日，以示庆祝你们的节日，共和国所有的公社都在庆祝这个节日。你们的父亲、母亲、妻子、姊妹以及你们所有心爱的人都为你们的胜利欢欣鼓舞，他们都以是你们的亲人而感到自豪""不朽的荣誉将归功你们，因为你们改变了欧洲这一最美丽部分的面貌。""自由的、受全世界尊敬的法国人民正在给全欧洲带来光荣的和平，这种和平将补偿在六年中所忍受的一切牺牲。那时你们回到自己的家乡，你们的同胞就会指着你们说：他是在意大利方面军服过役。"这些话大大激发了士兵的无畏精神和战斗力，也激励拿破仑的追随者前赴后继走上战场。

　　一位历史学家曾这样说：拿破仑这个小矮子，身穿破旧的军服骑在白马上，我不知道将会作何感想，但我可能会抛下书本、猫、家的一切追随他直到天涯海角，因为我自己的祖父就是这样干的。天晓得，这个小矮子并非生来就是英雄，却有上百万其他人的祖父也是这样跟他走。他们没有指望也不曾得到任何报偿。他们背井离乡数千英里，满怀热忱地为这个外国佬前赴后继，冒着俄罗斯、英国、意大利和奥地利的炮火挺进，而当他们在死亡的血泊中痛苦挣扎时，他却只是平静地凝视前方。

　　美国黑人运动领袖马丁·路德·金的说服，从某种意义上说，开创了一个时代。1963年8月28日美国首都华盛顿，聚集了25万向"自由进军"的人们。"黑人之音"的马丁·路德·金开始了他历史性的演讲——《我有一个梦》："我梦想有一天，这个国家会站立起来，真正实现其信条的真谛：我们认为人人生而平等的真理不言而喻。我梦想有一天，在佐治亚的红山上，从前奴隶的后嗣将能够和奴隶主的后嗣坐在一起，共叙兄弟情谊；我梦想有一天，甚至连密西西比州这个正义匿迹，压迫成风，如同沙漠般的地方，也将变成绿洲，充满自由和正义；我梦想有一天，我的四个孩子将生活在一个不是以他们的肤色，而是以他们的品格优劣来评价他们的国度里……"。马丁·路德·金以美国《宪法》和《解放宣言》为依据，抨击了黑人所受的不平等待遇，号召广大民众立即投入争取自由的斗争。至此，"自由进军"的队伍浩浩汤汤，涌向争取自由的战场，历史在这一时刻翻开了新的一页。

　　《哈佛商业评论》定义："说服力并不表示去乞求、欺骗，或是操纵他人。相反的，说服力是我们通过他人成就某事的能力。不管我们是谁，我们都能具备说服力。"

　　说服力有正、负能量之分。若发出正能量，对症下药，说出了实效，"服"就可能有好结果；若发出负能量，说得不好或剑走偏锋，"服"就可能不发挥效力，甚至还可能产生负面作用，应了老话"说而不服，等于不说"，"说"就会大打折扣。

可见，"说服"应是具备说服力的说服，是产生正能量的说服。"说"和"服"的关系是，"说"决定"服"的深浅程度、好坏结果。

说服是项技能。说服是能动的理性活动，完全是根据说话的目的、效果来设计说话的内容、方法。同样是说服的话，如果让不同的人去说，用不同的方式方法去说，得到的效果会截然不同。

开展说服的时候，以目的和效果为尺度，话不在多，语不在重，而在于是否管用，能否解决问题。该你说的说，不该你说的不说，该多说的说，不该多说的不越雷池一步，保持沉默。好话好说，不好说的话也好好说；伤人的话避开说，伤心的话巧妙说，伤面子的话宽容说，沮丧的话鼓励说。即便是难说的话，也说得入情入理，让人受到启发。可见，说服技能是产生说服力的重要基础。

说服≠能说会道。有人把辞藻华丽、口若悬河、滔滔不绝称为能说会道。其实，这种意义上的能说会道，与开展说服是两回事。漫无边际的"能说会道"，非但达不到说服的效果，甚至在一些场合还会让人反感，产生相反的效果。

正是因为说服的目的性，说服者为了达到自己的想法、愿望和要求，一人一方，一事一法，根据不同人、不同事情，选择不同的说服方法，提高说服技能就显得十分重要。

不重视、不熟悉说服技能的人，在复杂的社会生活中，处理有些事情就可能不那么顺利，不那么得心应手，以致难于获取有效资源，因此丧失机遇。

说服需要积累。学会说服就是要学习掌握说服技能。说服技能不是与生俱来，是在长期的生活、工作、学习中一点一滴积累而来。就像我们出行驾车一样，需要不断地学习积累驾车的技能。

人们生来面对的是一个陌生的世界，正走在一条并不熟悉的路途上，对于说服技能同样陌生。聪明的人总是把说服技能看做生活必备的一种技能，看做融入社会、团队、圈子、家庭的有效通道，主动面对，并注意在日常生活中不断实践、积累，学习借鉴前人说服中的经验和做法，实践探索适合自己的说服技能。

尤其是那些想要做领袖、领导的人，需要说服众多的人与自己同行，一起向既定目标携手共进，会更加专注学习如何说服这门学问，甚至付出一生艰苦的努力。

亚伯拉罕·林肯是美国以说服而著名的总统。为了获得说服技能，在他当选总统的三十年前就开始了训练，学习运用普郎博士介绍的演讲步骤。每天，到杂货店和肉店的时候，林肯披了一件破旧的披肩，挽着一只小篮子，儿子跟在后面扭弄着他的手指，无聊地问长问短，但林肯没有和儿子闲谈，一直在构思他的演讲，并没有感觉儿子在自己的身边。他随时把自己的想法写到纸片上，暂时放在帽子里，一有闲暇，拿出来加以整理，以备使用。

林肯就是拿着自己的三篇演讲稿和宪法，把自己锁在伊利诺斯州春田市某商店后面的小屋中，摒去一切干扰，写成了观点鲜明，具有充分说服力的著名的总统就职演讲。

可见，学习掌握说服技能，早动手为好，可以使你早受益少损失。

### 五、学会说服受益

如果我们细心观察，你就会发现，身边不乏说服别人的高手。

生意场上有金口玉言，利言优先之说；政治场上有打动领导，一言定升迁之说；生活中常有成败荣辱系于一言之说。可见，学会说服，委实影响着一个人的得失。掌握说服技能，提高说服力，能够更好整合有限资源，施展自己的理想和抱负。

生活在社会之中，学会说服，掌握说服技能，大而言之，有利于工作、学习和生活；小而言之，有利于日常与人和谐相处，少找别扭少怄气，图个心情舒畅。

学会说服，掌握说服技能，你会发现生活是另一番天地，世界更加和谐美好。

# 第二章　掌握说服的常识

经过长期实践，说服活动形成了人们普遍认可的标准和做法，被广泛遵循应用。了解、获取、掌握它们，对开展说服大有裨益。

## 一、礼貌待人

说服是以人为工作对象的学问，要面对各种各样的人。"见面说话礼为先"，开展说服彬彬有礼，给对方留下良好的印象十分重要，有"先入为主"的作用。

### 1. 学会握手

握手是说服的开始，轻视不得，它承载着丰富而微妙的信息。

与成功者握手，表示祝贺；与失败者握手，表示理解；与欢送者握手，表示告别；与同盟者握手，表示期待；与对立者握手，表示和解……

上级与下级、长辈与晚辈、男性与女性握手时，一般应由上级、长辈、男性主动伸出右手，下级、晚辈、女性随后伸出右手与之相握。

握力适中。握手用力太轻，被认为有些冷淡，不够热情；用力过大，又会让人感到粗鲁无礼；只用拇指和食指捏住对方的四指关节处，有令人生厌之感。握手力度均匀适中，才能够让人感到礼貌、友善、诚恳。

握时有度。握手时，刚刚接触就松开，有冷淡和疏远之感；紧紧握住手不放，也会引起对方的反感；只抓住几个手指头，有十分冷淡不愿合作之感。握手的时间一般在1—3秒钟为宜。

握手时，眼睛注视对方，面带微笑，身份低者稍欠身为宜。如果对方伸出双手，一般要有回应，或两只手握住对方的手，或右手相握，左手扶住对方的胳膊肘、小臂甚至肩膀，传达更加热情、真挚的信息。

2. 记住名字

一个人的名字，是构成其身份和自尊的一项重要内容。在生活中，我们都有一个经验，见面能够脱口说出你的名字的人，一定是重视或尊敬你的人。

当对方介绍名字的时候，一定要注意听取，在很短的时间里，通过联想等各种手段强化记忆，并注意在交谈中复述名字，检验自己的记忆。能够准确说出对方的名字，是取得说服成果的一个值得重视的问题。设想，对方介绍了自己的名字，你却不当回事，说服中张冠李戴，当然会引起对方的想法，认为自己不被重视或不被尊敬。

3. 称呼得当

一个得体的称呼，常会发生微妙的作用，让你受益匪浅；若错用或不当，往往造成尴尬或不愉快，还可能对你将要展开的说服带来负面影响。

对于男人，一般都称先生。"先生"两字是最普通的，几乎可用于所有人，至上能用于称呼高级长官，如果你觉得没有称呼他的职衔的必要时，或不知道对方究竟是什么职衔时，称呼"先生"是最恰当的；至下能用于称呼有学问、有阅历、值得敬佩的人，"闻道有先后，术业有专攻"，只要感到对方在某个方面高于自己，都可以"先生"相称。

对于女子，称呼要兼顾身份。一般称已婚的女子，用夫姓称太太。如果她的身份高，称夫人较为妥当。

未婚的女子，可以称其小姐。称呼一个还不了解的女子，用"小姐"较于贸然称"太太"有分寸得多。无论她是十六岁或六十岁，宁可让她微笑地告诉你她是太太，也不可使她愤怒地纠正你，说她不过是一个"小姐"！

有些在社会上活动的女子，虽然已婚，但不高兴取其夫之姓，她仍愿意别人叫她某小姐。在拜访她之前你最好先调查清楚，以免误事。若有人在旁介绍，则应依介绍人所用的称呼方法，不可自作聪明，擅自更改。

有些场合，你适当称呼对方的名字，也会收到亲切愉快的效果，这就要看你的身份与当时的情况灵活运用了。

4. 礼貌用语

待人恭敬，用语礼貌能够反映出一个人的素质、修养和品德，是开展说服的基本准则。日常生活中的礼貌用语有以下几类。

A. 尊重语：伯伯、伯父、伯母、大爷、大娘、叔叔、阿姨、大哥、大嫂、先生、女士、小姐、夫人、太太、阁下、同志、师傅、老人、老人家、贵姓、尊姓大名、高寿、高足、贵客等。

B. 见面语："早上好""下午好""晚上好""您好""很高兴认识您""请多指教""请多关照"等。

C. 感谢语："谢谢""劳驾了""让您费心了""实在过意不去""拜托了""麻烦您""感谢您的帮助"等。

D．迎候语："欢迎您""欢迎各位光临""见到您很高兴"等。

E．告别语："再见""欢迎再来""祝您一路顺风""请再来"等。

F．致歉语：打扰对方或向对方致歉："对不起""失礼了""不好意思""过意不去""考虑不周""请原谅""很抱歉""请多包涵"等。

接受对方致谢致歉时："别客气""不用谢""没关系""请不要放在心上"等。

G．抚慰语："忘掉一些烦恼""再多的包袱总要卸下""现在多好""你可以改变自己""看到你就开心""你有勇气去迎接它"等。

H．征询语："您有事需要帮忙吗""我能为您做些什么""您还有什么事吗""我可以进来吗""您不介意的话，我可以看一下吗""您看这样做行吗"等。

I．赞美语："很好""不错""太棒了""真了不起""真漂亮"等。

面对他人的赞美，也应做出积极、恰当的回应。例如，"谢谢您的鼓励""多亏了你""您过奖了""你也不错嘛"等。

J．忌用语："喂""不知道""笨蛋""你不懂""狗屁不通""猪脑袋""眼瞎了"等。


礼貌用语用例：

与人相见说"您好"，问人姓氏说"贵姓"，问人住址说"府上"。

仰慕已久说"久仰"，长期未见说"久违"，求人帮忙说"劳驾"。

向人询问说"请问"，请人协助说"费心"，请人解答说"请教"。

求人办事说"拜托"，麻烦别人说"打扰"，求人方便说"借光"。

请改文章说"斧正"，接受好意说"领情"，求人指点说"赐教"。

得人帮助说"谢谢"，祝人健康说"保重"，向人祝贺说"恭喜"。

老人年龄说"高寿"，身体不适说"欠安"，看望别人说"拜访"。

请人接受说"笑纳"，送人照片说"惠存"，欢迎购买说"惠顾"。

希望照顾说"关照"，赞人见解说"高见"，归还物品说"奉还"。

请人赴约说"赏光"，对方来信说"惠书"，自己住家说"寒舍"。

需要考虑说"斟酌"，无法满足说"抱歉"，请人谅解说"包涵"。

言行不妥说"对不起"，慰问他人说"辛苦"，迎接客人说"欢迎"。

宾客来到说"光临"，等候别人说"恭候"，没能迎接说"失迎"。

客人入座说"请坐"，陪伴朋友说"奉陪"，临分别时说"再见"。

中途先走说"失陪"，请人勿送说"留步"，送人远行说"平安"。

初次见面说"幸会"，等候别人说"恭候"，请人帮忙说"烦请"。

## 二、正确用语

说服是通过语言进行传递的，只有正确运用语言，才能使对方清楚内容、明白用意，获得准确信息。

### 1. 吐字准确

普通话是国家使用和推广的规范性语言，适用于各种场合，要按照《汉语拼音方案》的发音规范用语。

一是针对吐字含糊不清进行训练。可以用"绕口令"的方法实现正确发音。

学习绕口令要由简单到复杂，由短句到长句，由慢到快，做到口齿清楚、发音准确、快速流畅、连成一气。下面的绕口令，可作为练习材料。

A. 一平盆面，烙一平盆饼，饼平盆，盆平饼。

B. 对门有个白粉墙，白粉墙上画凤凰，先画一只黄凤凰，后画一只红凤凰，黄凤凰看红凤凰。红凤凰，黄凤凰，两只都像活凤凰。

C. 隔着窗户撕字纸，字纸里面包着细银丝，银丝上爬着四万四千四百四十四个似死不死的死虱子皮。

D. 长扁担，短扁担，长扁担比短扁担长，短扁担比长扁担短，长扁担比短扁担长半扁担，短扁担比长扁担短半扁担，长扁担加短扁担就是一条半扁担。

E. 天上看，满天星，地下看，有个坑；坑里看，有块冰，坑外长着一棵松，松上落着一只鹰，松下坐着一老僧，僧前放着一部经，经前点着一盏灯，灯边挂着一张弓；说刮风，就刮风，刮得男女老少难把眼睛睁，刮散了天上的星星，刮平了地上的坑，刮花了坑里的冰，刮倒了坑外的松，刮飞了松上的鹰，刮跑了松下的僧，刮乱了僧前的经，刮灭了经前的灯，最后刮翻了挂着的弓。

F. 施小石在柿子树下拾到四个熟柿子，交给看柿子的时老四，时老四表扬施小石，还要把四个柿子送给施小石。施小石不拿四个熟柿子，时老四捧着柿子追施小石："施小石啊施小石，你可真是一个好孩子！明天是星期四，我时老四正好没有事，可到学校把柿子的事告诉史老师。"

G. 打南边来了个喇嘛，手里提拉着五斤鳎（tǎ）犸。打北边来了个哑巴，腰里别着个喇叭。南边提拉着鰑㸚的喇嘛要拿鰑㸚换北边别喇叭哑巴的喇叭。哑巴不愿意拿喇叭换喇嘛的鰑㸚，喇嘛非要换别喇叭哑巴的喇叭。喇嘛抢起鰑㸚抽了别喇叭哑巴一鰑㸚，哑巴摘下喇叭打了提拉着鰑㸚的喇嘛一喇叭。也不知是提拉着鰑㸚的喇嘛抽了别喇叭哑巴一鰑㸚，还是别喇叭的哑巴打了提拉着鰑㸚的喇嘛一喇叭。喇嘛炖鰑㸚，哑巴滴滴答答吹喇叭。

二是针对方言进行训练。通过翻阅字典，听广播电视等方法，找出方言与普通话的声母、韵母、声调方面的差异。

西北方言的"鞋"与普通话"孩"不分；湖南人"瑞"与"岁"不分；上海话"王"与"黄"容易混淆。在实际交流中，尽量不使用方言。如果与使用方言的人交谈，可以了解一下，听不懂的地方一定要提问或求证。

当然，有些情况下，学习说一点方言，对方听到家乡话，会赢得好感，感到亲切，反而容易拉近彼此的距离，促进相互的沟通。

### 2. 合理停顿

说服过程中，层次之间，段落之间，语句之间，词语之间，都可能出现声音的中断。因为我们不可能一口气把许许多多的词句、段落说完，要有喘气的机会，在转折、呼应、递进等地方，需要恰当运用停顿，造成适当的声音间隙，以承上启下。

停顿的不同，不仅关系语意是否清楚，还关系用意的不同。比如"最贵的一张画值三百元"，就有四种停顿的形式：

第一种：最贵的一张画值三百元。句子中间没有停顿，语意不清楚。

第二种：最贵的/一张画/值三百元。停顿太多，支离破碎，语意不清楚。

第三种：最贵的一张画/值三百元。语意清楚，语意：有一张画最贵，卖三百元。

第四种：最贵的/一张画值三百元。语意清楚。语意：最贵的画有好几张，每张都可能卖到三百元。

3. 用好重音

需要突出强调的词或词组，甚至音节，称为重音。

由于说话用词、用句都是瞬间的事，为了表达更加清晰，让对方加深印象、留下记忆，要有意识用重音，用来突出强调重要的词或词组。尤其是老师、律师等从事说服工作的人，根据自己确认的重点，运用重音，以突出主题和表达内容，能够收到良好的效果。

一般情况下，重要的观点、重要人物的名字、重要的时间、重要的数字和重要的结论，都要用重音加重，突出自己的用意，想方设法加深对方印象，引起对方注意或兴趣。比如："今天是你参加工作的第一天"，加重"第一天"，强调"这一天"的重要和不同。

如果认为重音还不能起到预期效果，就要考虑用重复，同一个问题再次给予表达，以加大强调的力度。

4. 善用对比

遇到抽象的事物，为了让对方听得清楚，明白你所说的意思，根据人们生活中熟悉的一些见识和经验，用形象的东西做对比，往往会给人留下比较深刻的印象，收到理想的效果。对此，多用"相当于……""好比……"进行比较。

当说到高度，告诉对方多少米或多少尺，然后用其熟悉的街区高楼做参照做对比；说到容量，告诉对方多少立方，然后用所在的房子容量做对比，"好比我们这个房子的多少空间"，对方就会四处看看房子的大小，留下印象；说到距离，不妨说"相当于从这里到汽车站或到某街的距离"，这样对方经过对比会更加明白。

5. 用语纯朴

记住，用语的第一目的，就是让对方能够听得清楚、听得明白。所以，说服一定要紧紧围绕主题设计用语，做到简洁清晰，最好是对方非常熟悉的大众语言，尽量避免使用专业术语、生僻的词汇，以及对方不熟悉的典故、成语等。这样，不仅让对方听得懂意思，还可能因为你纯朴的用语，给对方留下务实的好印象。用语切忌故弄玄虚、华而不实，让对方有卖弄、不实在的感觉。

### 三、耐心倾听

说服能力强的人，通常不是只顾自己滔滔不绝说个不停、不问效果的人，更不是妄加评论、轻率批评、断然下结论的人，而是认真仔细倾听，从中获取自己需要的信息，有针对性地发表精辟见解、以理服人的人。不会听或听不准，没有把问题弄清楚就发表意见，不仅达不到目的，还可能导致误会，产生相反的效果。

1. 听在说前

俗话说，"三分说，七分听""会说的，不如会听的"，都是强调听的重要作用。

首先，听是思维的前提。如果对方说的话听不清、听不准、听不懂，分析、归纳、推理就失去效力，难以做出及时正确的反应。

其次，听是取舍的前提。口语的即时性，往往产生杂乱无章的信息，面对话语的真伪好坏、清晰模糊、言此意彼等等，只有通过去粗取精、去伪存真、由此及彼、由表及里的辨析，才能筛选择取有用的信息。

## 2.善于聆听

每个人，其实都渴望表达自己。聪明的聆听者给对方充分的表达权利和表达机会，以获得好感。

一是善听能使对方感受到尊重。善听就是给对方充分表达意见的机会。工作再繁忙，也一定要专心倾听对方述说，让他感受到自己是被重视的，由此获得对方的信任感。由于角色的不同，会产生不同的认知。因此，善听不见得能满足对方的全部需求，但是至少能够让对方感到你在乎他，为下一步沟通打下基础。

在倾听的过程中，时时观察对方的表情和反应，确认其是否同意或接受。当对方说话时，千万要留意倾听，不能心不在焉或走神，即使手上正忙着其他的工作。如果实在很忙，可以和对方另外约定时间，比如："我十分钟后去找你。"如果你看着电脑屏幕，一边打字一边与人交谈，必定无法全神贯注地关注沟通内容，而对方势必也会质疑你对交谈的重视程度。

听别人谈话时，与对方保持适当距离，身体稍微向对方倾斜，温和地注视对方，让对方感觉到你不想漏掉他说的每一个字。细心观察对方的表情和态度，理解对方的感情和心境，做出及时反应，同乐同愁，在和谐友好的气氛中进行交谈。切忌东张西望，或做一些无关的动作。

二是善听能够增加对方的了解。初次见面，彼此陌生，了解对方最好的办法就是多听，然后抓住兴趣、个性等信息，决定自己的说话态度和方式。是否听进去了，效果如何，应该成为听的目标。

三是善听容易获取更多的信息。善听者鼓励对方说话，从其言谈中汲取营养、拓展思路、补充完善，把自己的想法和对方的智慧叠加起来，使自己表达的内容更有说服力。尽量用提问、赞同、重复对方要点的方法，鼓励其畅所欲言。

### 3. 听有技巧

我们都有体会，要真正做到听清、听准、听懂别人的话并不是件容易的事情。我们可以借鉴一些有效的做法。

一是进入角色。学会用你的眼睛注视对方，尽快进入对方的话题和氛围当中，唤醒脑子里与话题有关的记忆。

二是始终忘我。要记着你是一个"倾听者"，使用"我"或"我的"字眼要谨慎。如果你这样说了，就意味将要放弃聆听的机会，注意力已经开始从对方那里转移到你这里，说明你要开始说话了。

三是听话听"音"。听出"意思"，力求听清每一句话和每一个词，边听边记忆，同时，快速筛选、提炼、归纳，进行联想，尤其要听到话外音，预测对方还可能说些什么。

四是听话听"因"。听出"心思"，掌握对方真实想法，不仅听出事情的来龙去脉、因果出处，还能够听出弦外之音，揣摩出对方内心深处的东西。

五是不断质疑。从开始听，脑子里就要不断画出问号，对方说了些什么，主题是什么，目标是什么，想要达到怎样的目的，为什么要如此这样说，等等。

六是阶段提炼。按照一段话或一个话题，边听边咀嚼对方说过的内容，快速进行思维推断、评价归纳，及时小结，存入自己的记忆之中。这样重复下去，然后把每段小结的记忆闸门打开，前后联系起来，进行总体归纳提炼，力求快速准确得出最终结论。

### 4. 听力训练

听的敏锐力可以通过训练提高。

一是力求准确。可以选择一个会议或解说等内容的录音，低声听10~15分钟，说出听的内容，力求精确详细。然后放大声音，反复对照总结，反复练习。

平常，与你不熟悉的人谈话的时候，细心听取遣词造句、语情语态，揣摩判定其思想感情、情绪色彩和性格特点，做出判断。然后，找与之相熟悉的人，求证判断程度，找出听辨训练的效果和差距。

也可以请老师或朋友帮忙，他们交谈的时候，你在一旁听，然后再叙述出来，让他们点评，看看听得准确与否。

训练的时间尽量长些，提高听的持久力；内容尽量复杂些，提高听的注意力和稳定性。对于语速快的，一定要心态沉稳，认真倾听，注意平时多与语速快的人交谈，力争能够听清楚对方的每句话；对于讲方言的，根据需要，可以试着多和他们聊天，提高听辨能力，也可以多听方言对话，然后给他们讲一讲你听到了什么，求得指正。

二是增强记忆。听的过程中的记忆，多为暂留性记忆，有目的训练，可以比较快地连贯起听的内容，进行整体理解和思考，有利于尽快分析理解其说话的意思。

平时，听别人朗诵诗歌或散文，听过以后，看看能否背出其中那些印象深刻的句子。听了别人讲一件事或一个道理，回家给家人讲述，不要放过每一个有意思的细节。将广播、电视上的新闻，有意识地讲给别人听。

记忆人的姓名、数字、地名等，可以用联想的方法，把枯燥的概念与自己以往的知识融合联系起来，增加记忆。例如，汉代农民起义较大规模的有三次：一是公元17年的绿林起义，二是公元18年的赤眉起义，三是公元184年的黄巾起义。前两次发生在西汉，后一次发生在东汉。可以采用联想的方法记忆：三次起义都有颜色，即绿、红、黄，可与枫叶联系起来，枫叶夏绿，秋红，冬黄。

三是强化理解。话语说出，会随着语音的结束而消失，理解跟不上，就会越听越糊涂。

辨别题内与题外的话、正确与错误的话、真实与虚假的话、友好与不怀好意的话、直率坦诚与试探性的话，都需要在日常生活中，注意随时随地进行训练。

对于说话缺乏条理的人，或有意模糊表达的，如：拐弯抹角、言此义彼的，用双关、借代、反语、仿拟等修辞的，要用听话技巧，耐心静听，追踪不舍。把握对方时隐时现的语意线索，辨析"弦外之音"，再联系特定的各种关系，进行梳理归纳。

为了防止挂一漏万、以偏概全，有时候要通过及时提问进行求证，用"你讲的是不是……意思？"来确认对方的想法。

辨析"弦外之音"，最好多听寓言故事、幽默小品等训练自己。

### 四、良好自信

1. 装扮得体

一个人的仪表，反映了身份和精神面貌，有增强自信力的作用，也是尊重对方的表现，往往是交谈的第一印象，有先入为主的感觉，值得用心注意。

通常认为，言谈要比仪表的影响大得多，其实并不尽然。事实证明，在寻求别人帮助时，那些仪表堂堂、富有吸引力的人，要比那些不修边幅的人有更多的成功机会。

重要的说服，要注重自己的仪表。保持发型美观，衣着整洁、大方。当你的仪表在自己和别人眼睛里都是落落得体的，自信心一定会油然而生。

仪表关键是要与自己的身份"相符"。不注重不行，过分也不好，要与自己的形象和职业等相符合，做到恰到好处，给对方留下比较深刻的印象。以此，增强自信心，为交谈开好头、起好步。

2. 建立自信

建立自信是开展说服、通往预期目标之路的必要条件。

往往不是说不好，而是缺乏说好话的心态，开口之前就断定自己不行，笨嘴拙舌，或怕对方嘲笑，或猜测自己讲得没有意义，或对方可能早已经知道等等，好像自己浑身都是缺点，甚至一无是处，在这种压力下，自己都不能说服自己，信心就会丧失。

其实，紧张、怯场等并不是几个人的特殊现象，几乎是普遍现象。撒切尔夫人曾说过"我不知道哪位大臣不紧张，我任首相7年半了，每当我发表重要讲话，我就紧张。每当我走进下议院，我就很紧张。"

建立说服自信，是一个长期的过程，要通过自身能力的培养逐步确立，起码要关注以下几点。

一是相信自己。看到自己优于别人的地方，强化优点。从心里喜欢自己，欣赏自己，从而缩短与对方的心理距离，赢得好感和尊重。带着这种心境说服别人，就会减少自卑和紧张，减轻羞怯和恐惧的心理。

二是富有教养。体态大方，举止文雅；态度谦虚，气宇平和；用语清晰，分寸有度；不张不扬、不急不躁，可以表现出一个人良好的气度和修养。这是说服的一个较高境界，需要长期修炼。

说话时，两眼注视对方，面带微笑。微笑是友善的信号，能给对方带来温暖和欢乐，容易得到对方的喜欢，从而赢得对方与自己主动交往，使自己内心充实。

要耐心倾听对方陈述，避免搓手、捏手、抖腿、对人咳嗽、打哈欠等让人不舒服的行为动作，使对方愿意与你交谈。

三是自我确认。确认所说的话是不是客观正确。如果认为自己所说的话不妥或不对，还是不说的好。一旦出口，可能会造成"强词夺理"

的感觉，且不说对方不会接受，自己都感到底气不足。

四是预期后果。如果说了也白说，认为对方因为种种因素不可能接受，同样会感到底气不足，动摇信心，那还不如不说。

五是敢于说话。说话需要胆量。人们的偏好和对事物的看法存在差距，要能够达到认同，确要有胆量，提高增强敢于说话的勇气。

也许你有过这样的经历，克服说话的恐惧，可以装出不怕的样子，时间一长，假的就不知不觉变成真的了。所以，即使你心里确实感到害怕，也要拿出勇气装出不害怕的样子。时时提醒自己，我是来说服的，怎么会害怕你呢？以我的想法和真诚一定能够打动你，让你信服。这样，你的气概就会战胜怯懦，得到意想不到的效果。

六是激励自己。要善于在开展说服之前激励自己，既然自己制定的说服方案没有问题，是可行的，那么，我一定能够赢得目标结果。别人能行，相信自己也能行；其他人能做到的事，相信自己也能做到。

"我行，我能行，我一定能行。""我是最好的，我是最棒的。"若遇到怯场的心理障碍，不妨在开展说服之前反复地默念这样的句子。通过积极的心理暗示，鼓舞斗志，树立起自信心。

只要目的明确，交谈方向正确，主流没有问题，枝节上的小问题在所难免，不要计较，要激励自己树立信心，坚持不懈。生活中，因为人们的性格、学识、看法不同，以及当时的环境和心情各异，"勺子碰碗"的事情比比皆是，说话欠"尺度"的现象经常出现。对此，心里可以反复默诵"抓住机会……"。"小不忍乱大谋"，不能因为无关紧要一句话或一个态度，断送了谈话的机会，要有气量和胸怀。能够坐到一起交谈，实际上对双方来说，都是一次机会，也可能是一次缘分，不要轻易放弃。

### 五、尊重为先

记住，开展说服首先要尊重对方。尊重对方，就是尊重自己。"人活脸，树活皮"，人在世上，都希望得到别人的尊重。建立一种相互尊重的关系，对于顺利开展说服大有益处。

1. 平等相待

无论从事什么工作、做什么事情，可能岗位不同，职务不同，地位不同，但是人格是平等的，所以理应处在平等地位。只有平等待人，才能做到相互尊重，出语容易让对方接受。

说服，要争取做到"居高"而不自高，"临下"而不强加于人。一般来说，自己感到观点正确，有了认为高于对方的想法，才去做说服工作。这时如果把握不好，就可能自恃高位，认为理在自己，往往容易居高临下，不注意说话的态度和方法，以及对方的感受，或采用批评人的口气，或把自己的观点想法强加于人，凡此种种，都会引起对方的反感，导致说服无效。做不好，非但没有说服，自己还可能生一肚子气。就算你是长辈或领导，对方不得不从，看似好像说服达到了效果，但因为你伤了对方的自尊，口服了，心里未必真的服气。

说服对方，不让其发现自己是在接受"教导"，指出对方不知道的事情，让其觉得那只是提醒他，这才显水平。

平等待人就是不仰视、不俯视，注重把握双方和睦关系，尽量做到语言诚恳语气平和，不卑不亢音量适中，不急不躁通俗易懂，温文尔雅简明扼要。切忌锋芒毕露、咄咄逼人、声色俱厉。

2. 让人说话

对方阐述观点、表达看法时，尽量让对方把话说完，就是观点不一致，言辞表现激烈一些，也要耐着性子倾听，最好不要中间插话，给对方充分的尊重。

不管什么原因，如果想让对方说话，中间不要打断，让他沿着自己的思路和话题说下去，直到他自己停下来。通过求同存异，寻找交谈的兴趣点，培育交谈的认同感，不断巩固交谈的基础。

3. 顾及面子

让对方当众丢丑、难堪，失去应有的尊严，是说服的大忌。这样，既不能改变对方立场、观点，还会因自尊受到挑战，使其变得固执起来，导致说服的失败。

一忌斤斤计较。心胸开朗，豁然大度，千万别小心眼、"小家子气"。不要为一点点小事就大动肝火，甚至在公共场合，逼对方当场表态、或认错。更不宜心血来潮，"捋胳膊挽袖子"，拉开辩论、对质的架势，弄得对方非常难堪而下不了台。这样，是缺乏自信的表现，令人讨厌，显得很不成熟。

二忌定位失当。在说服中，不能因为对方与自己脾气不和，身份有异，就显示出不耐烦或瞧不起的样子。当然也不要因自己的职务、地位不如对方，或长相一般，或服饰不佳，就过分谦卑，要落落大方，不卑不亢。

三忌卖弄聪明。每个人都有自尊，都有引以为骄傲的地方。卖弄是缺少教养的表现。当然，女性一般考虑问题都比男性周到而细致，适当显示，只要"尺度"掌握得好，也是可以的。

一般情况下，陈述了自己的看法，静静等待对方思考定夺，以恰当的方式予以接受就可以了。

4. 用语慎重

严格界定说服的内容，精细选词、用句，讲究恰当的用语，是减少摩擦、尊重对方的一个要点。

一是不谈庸俗、低级、无聊的话题。

二是不谈敏感话题。不涉及对方财产、家庭、民族风俗习惯等话题；避免当着对方随意评价第三者，或捕风捉影议论"马路消息"；"莫对失意人，说尽得意事"，切忌与病人谈论死亡，与胖人大谈自己的苗条等等，引起对方的不愉快。

三是慎用指责。指责对方错了，往往容易直接打击其智慧、判断力和自尊，所以要十分谨慎。

有这种情况，当有人指正你的错误时，你反而会极力维护它，使其不受侵犯，并不是因为那些指正没有价值，而是你的自尊心已经受到了伤害，因此会固执己见，甚至迁怒对方。

缺点、不足要点到为止，注意用委婉含蓄的"点到为止法"（见第三章第54页），不要揭人家伤疤和隐私。如果对方说错了话，最好这样说，"噢，是这样的！不过我还有另一种想法，也许不对，说出来还请指教"。

### 5. 赢得尊重

尊重是双方的事情，你尊重对方，对方也会尊重你。

有些人存有误解，以为引起对方的尊重，开口就要谈些不平凡的事情吸引对方。因此，开口时，在脑子里苦苦思索，企图找一些怪诞的奇闻、惊心的事件，或有刺激性的话题。

另外一个误解，以为必须谈些深奥的、显示学问的题材，才能获得对方的尊重。因此，常谈些抽象的理论、高深的知识。这样做会把话题限制到一个圈子里，制约思路展开。

其实，只要有心与对方接触，话题实在很多。一个人所看到、听到、感受到的事物都是很好的话题。可以有针对性地谈理想、社会责任、生活哲理、工作体会、同事关系、友谊爱情，也可以谈书籍电影、电视戏剧、琴棋书画、天气游乐、衣食住行等等，把欣赏感受发挥一番。

## 六、真诚友好

### 1. 真心诚意

"开心见诚，无所隐伏"，用诚恳和热情去打动对方，往往比你下功夫用动听的言语更加重要。

开始做说服工作，对方可能会有一种自卫防范心理。如何消除对方潜意识里产生的这种心理？最有效方法就是，不要把对方设想为对手，要反复传达这样的信息：我们是朋友而不是敌人，是同事而不是对手。以此表达自己的真诚。

一是心存善良。说服要发自内心，从良好的愿望出发，想对方之所想，让对方能够感受到你的自然和亲切，感受到你是个实在人，真心在做说服。

设想，心理不健康，傲慢嫉妒，要想说服对方，往往会"露马脚"，让人感到哪个地方不舒服，心里不痛快。

二是心存宽容。人们在一起生活、工作，磕磕碰碰是常有的事情。宽容待人，说服对方就会没有心理负担。通过接触，让对方看到你的胸怀和大度，获得对你的认识理解，也许双方能成为要好的朋友。

三是心存诚实。一个正直诚实的人往往容易获得他人的信任。

四是心存友善。对方说话时，要报以积极的反应和态度，用点头、手势等行为给予回报。接触对方之初，要尽可能最大限度地贴近对方，耐心倾听，尽快找出共同之处，以及双方沟通的兴趣点和共鸣点。

威尔逊总统说："让我们坐下来商量，看看为什么我们彼此意见不同。那么不久我们就会发现，我们的分歧其实并不大，我们的看法同多异少。因此，只要我们有耐心相互沟通，我们就能相互理解。"如果你要让别人同意你的观点，就要通过友善沟通，使对方走在理智的大道上，相信你是他真正的朋友。

2. 对方着想

说服对方的时候，需要换位思考，设身处地为对方着想，更多地从对方的角度考虑问题。

一是坚守原则。"己所不欲勿施于人"，应成为始终坚守的原则。

二是真心帮助。让人感受到你的好意，感受到是为对方着想，出自真心的帮助，带来长远或眼前的好处。尤其一些关心人的细节上，对方没有预料到，而你又能够替他想到，对方会感到你对他的重视和用心，从而会认真考虑你的观点和建议。

站在对方的角度，针对性格、阅历、职业、地位、年龄、性别、文化、修养、心理、思维、观念，以及语言的接受和理解能力，排除个人的忌讳等，帮助分析问题，知己知彼，组织自己的观点和语言，容易投其所好，产生说服力。

对方的需求、愿望、困惑、忧愁，应表现出同情心和谅解意。话不顺耳，要沉住气，不要马上脸露愠色。回答问题，要善良友好、乐于助人。征求对方看法，要小心谨慎，表示出理解。

切不可心存侥幸，抱着占别人便宜的想法，这种说服往往事与愿违。因为，人们的智力水平大体相当，只不过阅历、经验、思考方法上的差异，可能你自视高明，一时得手，骗得对方，但是你丧失的东西会更多，重要的是你为自己树立了一道"高墙"。

平时，在生活、学习和工作上，主动帮助对方，需要开展说服时，容易赢得对方的好感，有利于说服能够顺利展开。

三是多做理解。理解就是解开自己的心结，彼此不要介意太多，要宽容，多为彼此着想。

理解是冬日的阳光，能瞬间融化冰雪，及时把温暖送达；理解是悲痛的安慰，能抚平心灵的创伤，引起疗救的希望；理解是风雨的折伞，撑起头顶的一片天，带来心灵的晴朗；理解是怒涛中的扁舟，拥抱浪花点点，勇敢驶向彼岸。

理解是人们之间磨合、处事的"润滑剂"，是开展说服的出发点和落脚点。

生活中，理解有一种简单方法——"假如我是他"。如果先理解别人，那么自己就容易被别人理解；如果总想让别人先理解自己，那么自己就容易觉得别人不理解；如果用理解来表达需要，那么自己的需要就容易得到满足。

只要设身处地为别人着想，从他人的角度看问题，很多事情都能够迎刃而解。

### 3. 争取共赢

一般来说，能够达到共赢应该是最好的选择，能够有意外的收获，属于特例。所以，在设计自己说话的内容时，着眼长远，以建立良好的信用和合作为目的，以取得共赢为基础。不要贪大贪多，让别人感到有贪心和占便宜的感觉，要尽量照顾别人的诉求和利益。

避免过度使用职务权力，降低对方被迫接受的不良感受。即使说服了对方，也不要自认为是一种胜利，要建立"说服即沟通的开始"的理念。因为说服是为了有效沟通、实现积极沟通的必要手段，结果是为了和谐共事，共享成果，并不存在说服上的你赢我输，以及谁高谁低的问题。

说服别人若是求助，请求人家帮忙做事，就有敏感的利益话题。说得拢，就可能有了共事的基础，否则会产生相反的效果。

与对方有分歧的时候，除非涉及根本原则、立场、利益等不可回避的问题，一般都要尽量尊重对方的选择，努力扩大认同，求同存异，缩小淡化相异之处。

赠人玫瑰，手有余香。在高人眼里，这是高境界的做法。

### 4. 多用商量

面对同样一件事，是自愿去做，还是强制去做，结果相去甚远。强制别人做事，对方心里会很不情愿，往往产生逆反心理，甚至可能出现抗拒情绪。在一些场合，说服对方去干一些不喜欢干的事情或工作，商量要好于命令式口气，这样至少使对方不至于反感。

说服时，应该想方设法调节谈话的气氛，和颜悦色地用商量的方式代替命令的方式，并给人以维护自尊和荣誉的机会，气氛越是友好和谐的，说服也容易成功。因为人都是有自尊心的，谁都不希望自己处在被支配、被"歧视"的地位。

命令式——你去做这件事。

商量式——你去做这件事，好吗？

家庭中，父母让孩子帮忙，善于用商量的口气，孩子就不会产生厌恶情绪，容易顺利接受任务。细细观察，这些家庭中的父母，绝不对子女说："小虎子，给我拖地去！"而是说："小虎子，帮我拖拖地，好吗？"

工作单位中，当领导的，尤其是给年长有资历的部下布置工作，需要注意把握他的心理，少用命令语气，多用商量口吻。

主持家务的妻子，就孩子的升学、住宅计划等问题，遇事善于巧用商量，"你有什么好办法吗"？将决定权送给丈夫，把对方推到一家之主的地位，丈夫自尊心得到满足，心理上产生优越，会心甘情愿地交权，家里的事最终都由妻子做决定，一举两得。妻子既处理好了夫妻关系，和睦了家庭，又拿到了决策权，发挥了自己管理家庭的主导作用。

多用祈使语气进行缓冲。"下命令"时，口气尽可能放得谦虚一点，这样会收到很好的效果。

命令式——陈科长，你和小张去上海参加展会。

商量式——老陈，劳你大驾跑一趟，带小张去上海参加个展会怎么样？

陈科长听到第二种说法，心情肯定要好一些。如果陈科长年长，又有资历，听到第一种说法会很不舒服，觉得你年少气盛，颐指气使，如果气量小一点，说不定会称病推托，消极怠工。

首先，称呼"老陈"，而不是"陈科长"，比较亲切，避开职务较低实际；其次，"劳驾"两个字，语气比较客气，充满敬意；第三，"带小张"而不是"和小张"去，暗含陈科长的主导地位。可见，在一些场合，试着改变一下说话的方式，用商量的口气说服对方，要求对方完成某项有难度的任务，心甘情愿地去工作，不失为一个好办法。

商量式说服，常用"请……？""……好不好？"等语句。

5. 敢于认错

敢于承认自己错误的人，首先表现出友好，往往都会获得别人的谅解，给人谦虚的形象，有利于推动说服顺利进行。

已经知道错了，抢先一步，主动认错，比对方提出要好得多。这样，以攻为守，赢得对方宽容谅解，是一种争取友好的聪明理智的做法。

当着对方的面，承认自己的不到之处，不仅可以避免可能的争论，还能使对方和你一样宽容大度，以致主动去发现自己的不足。

## 七、善于控制

因为对方的一句话，或某种态度而动怒，使谈话陷于尴尬的境地，甚至被迫中断的现象，在日常生活中时有发生。

说话不中听，往往引起心里不愉快，产生激动或烦躁，难免波及情绪。若不能控制，心不平气不顺，就可能口无遮拦、急不择言，非但达不到说服目的，还可能造成误会，甚至伤了和气。

有事断然，无事超然，得意淡然，失意泰然，能够控制自己的情绪、行为，是有气度、涵养、胸怀的表现，事关说服的成效，需要培养定力。面对话语或某种不当态度，感到被冒犯，要控制好自己的情绪，镇定思考，理智应对，找出化解的方法。

1. 平衡心情

如果感到被伤害，试一试深呼吸，或者停下来，借口"方便"等事情，重新定定神，转移自己的注意力。开个玩笑，避免尴尬局面出现，也是一个好的选择。

在受到一定伤害的情况下，仍然能够淡定自然、语态温和，的确需要修养。越是想达到交谈的目的，越是要胸怀大度，不计眼前得失，坚持用温和的声音，做到话音平和、语气舒缓、不急不躁，款款表达自己的看法或观点。

2. 不抢"风头"

什么时候"闭嘴"，是情绪控制的一个重要方面。有时，遇到自己熟悉的话题或自己反对的观点，总是情不自禁地马上表达出来，不惜打断别人的话。这种"抢话题""出风头"的做法，往往会引起对方的反感，产生负面影响。掌握说话的"火候"，在什么地方、什么时候开口大有学问。

### 3. 避免争执

一般来说，无论智力高低，用争辩很难改变对方看法。本杰明·富兰克林说："如果你争强好胜，喜欢争执，以反驳他人为乐趣，或许能赢得一时的胜利，但这种胜利毫无意义和价值，因为你永远得不到对方的好感。"

佛祖释迦牟尼说："恨不止恨，唯爱能止。"误会永远不能靠争辩来消除，只有靠宽容，用中肯的眼光来看待对方的观点，靠调解、技巧来化解。

有一次，林肯责罚一位与同事发生了激烈争执的青年军官。林肯说："凡是决心想要成功的人，不能在私人成见上浪费时间。为此而争辩，结果是无法让人承受的，包括脾气变坏，丧失自制。如果你们各自都有正确的一面，你不妨多做些让步，即便是你完全正确，也不妨向对方做些让步，哪怕少让一点。"

请记住："如果我们不能改变环境，我们就应该改变自己的心境。"

### 4. 学会赞同

学会赞同就是学会说"您是对的"。每个人在心底都有一种被认同的渴望。掌握认同别人的技巧，是你与人交往的一门课程。没有人喜欢"杠头"。其实，学会说"您是对的"并不比做一件平常的事情困难多少，但是，要真正说好这句话，也需要费一番工夫。

有一种人，似乎天生就是"杠头"，喜欢和别人对着来。这绝对不是表现你的执着或聪明的好办法。而且，如果这样下去，你很可能最终成为不被大家欢迎的人。努力在你的头脑里构造一个思维框架，培养一种赞同的态度和性格，这样你就会发现，其实，值得你去赞同的人和事还是很多的。

仅仅发现对方值得赞同的地方是不够的，还要说出来，让对方知道。有些人喜欢用点头的方式来表示赞同，这不是最好的办法。应该勇敢地直视着对方的眼睛说"您是对的！"

别人并不是总能让我们说"您是对的"，有的时候，我们真的无法接受对方。这个时候，不要违心地说"您是对的"，但也不要勇敢地说"您错了"（除非万不得已）。在任何时候，都不要陷入争论当中去，即使您是对的。因为在争论中，没有人能够获胜。

5. 学会赞美

在说服中，为了取悦对方，适当、真诚地赞美，会使对方感到高兴，有利于气氛友好，促进说服顺利进行。

一是适度。赞扬一定要有"度"，因为适度的赞扬会使人心情舒畅，否则就会使人感到难堪、反感。

适度——用语态度真诚，言之有理，与自己的身份、地位、作用和角色相吻合。不要让对方感到言辞失当，虚而不实，有阿谀逢迎、虚伪、"拍马屁"之嫌。

你的赞语没说出口时，先要掂量一下，这种赞美有没有事实根据，对方听了是否相信，在场的人听了是否也能够认可，一旦出现异议，你有无足够的证据证明"站得住脚"。所以，赞美只能在事实的基础上进行，且措词适当。母亲赞美孩子："你是一个好孩子，有了你，我感到很欣慰。"这话就很有分寸，不会使孩子骄傲。如果说："你真是一个天才，在我看到的小孩子中，没有一个赶得上你的。"会把孩子引到歧途上。

二是借助。用第三者的口吻进行赞美，有时能出人意料，收到好效果。

如果当面赞扬对方，有恭维、奉承、虚假之嫌，疑心你不是诚心，不妨用第三者。"小王，张经理说你是个善于思考、会工作的人，的确，你工作能力让人佩服。"

无论在大众场合，还是个别场合，第三者赞美若能传达到本人，能起到鼓舞作用，使对方感到你对他的赞扬是真诚的。因为，一般人的观念中，借助第三者所说的话是比较公正、实在的，更能得到对方的好感和信任。

三是热情。经常看到有人在称赞别人时，表现出来的漫不经心，如"你这篇文章写得还不错""你这件衣服看上去还行"等，这种缺乏热情而空洞的称赞，不仅不能使对方感到高兴，有时还会由于你的敷衍而引起反感和不满。因此，称赞别人要尽可能热情些、具体些。

其实，每个人都有值得别人赞扬的地方。法国哲学家罗西法考说："如果你想结下仇人，那你就要比你的朋友表现得更加出色；但如果你想要得到朋友，那就要让你的朋友表现得比你出色。"当你终于学会赞美别人的时候，一定可以获得更广阔的天空。

### 6. 适时示弱

谈话有时候需要示弱。遇上有人无理取闹时，不要冲动，更不要破口大骂，理智的态度和委婉的谈吐，能帮你转危为安，战胜对手。

日常工作与生活中，有些人受不得一点委屈，当别人无理时，以更无理的方式对待；当别人粗鲁时，便以更粗鲁的方式反击，"针尖对麦芒"，不肯后退半步。这种方式是很不可取的，只会使矛盾激化。聪明的人懂得后退一步，以柔克刚，将对方的攻势化解于无形，"用软绳捆绑硬柴，结实保险"。

### 7. 微笑收尾

一次好的、甚至难忘的交谈，往往是以笑容收尾的。难怪有人说："笑容是结束谈话的最佳句号"。

### 八、稳妥求进

说服的目的是让对方服气。设计说服的时候，既要积极主动展开说服，也不能盲目急于求进，一切以追求实际效果为要领。

**1. 择机行事**

开展说服要考虑到对方的心理因素，因为人们心境不同，面对你提出的意见接受程度也不一样。

一是选择进言时机。善于选择对方心境最佳的时机进言（见第三章"择机法"，第76页），比如，遇到高兴事，心情愉快时，一项工作完满结束时，取得成绩，受到表扬时，等等，是说服氛围好的时候。此刻进言，哪怕意见比以往尖锐，对方也乐于接受，容易达到确定的目标。相反，当对方心情郁闷、工作繁忙、情绪急躁时，最好不要进言，进言往往效果不佳。

有一种情况，当对方遇到重大难题，或陷入困境时，肯定会导致情绪不佳，为了寻找出路，存在尽快能从困境中解脱的心理，此时，也属进言的尚好时机。

二是选择用语时机。对方环境和心情不同，要选择好用语时机，有的话可以当众说，有的则需要私下说；有的话需要大声说，有的则需要小声说；有的话需要厉声说，有的话则要和颜悦色说。

可见，说服的时机把握，不能一概而论，因人而异，看得清，摸得准，才能够抓住理想的进言和用语时机。

**2. 欲速不达**

一些困难的说服工作，不要指望一次能够奏效，要有一次、两次、多次接触的心理准备，学会控制说服的尺度和节奏。

一是给对方留下思考的余地。让对方接受自己的看法或观点，不是一件容易的事情，有时候很难毕其功于一役，不能指望一次说服成功解决所有问题。因为人们的看法、认识和观点需要碰撞，看看彼此能否相互理解、达成共识。

如果一时谈不拢，不能要求对方表态，更不能强迫对方承诺。这样非但解决不了问题，还可能带来不良的后果，让对方感到强人所难，"牛不喝水硬按头"，只能使再次见面交谈变得更加困难。

很多情况下，人们认识需要一个过程，深化、反复都属正常，相互磨合是必要的。要尽量站在对方的角度思考问题，允许留有思考的时间，礼貌留下"台阶"。

二是留下再次交谈的"活扣"。"冤家宜解不宜结"，如果真的出现看法、观点对立的情况，要冷静下来，用"我说的可能有不全面的地方，您再考虑考虑……""您说的有些我是赞同的，但是就某某问题，请您再琢磨琢磨好吗？""这个事情可能这样处理更好些，请您再想一想，不知道我说的对不对"等一些提示性的语言结束谈话，为下次谈话打下基础。

有试探性的争辩是可以的，但要适可而止，知道对方意图了，见好就收。过分争辩，容易造成"死结"，难以达到说服别人的目的。

商务谈判、律师庭辩、老师解惑，可以看做说服的一项工程，需要系统筹划、精心设计、谨慎操作。多数情况下，不能指望一次搞定，往往需要数个回合的交锋，付出艰苦的努力。历史上让对方接受自己的观点，谈上若干年的例子也是有的，尤其是国家之间、党派团体之间，牵扯历史、利益、宗教等重大问题的谈判，更需要调动方方面面的资源，显示双方的勇气、智慧和定力。

3. 开发话题

通常，在与对方不那么熟悉的情况下，上来就提出自己的要求，或希望帮助等，对方一下不易接受，这就要找一些话题做铺垫，先拉近彼此的距离，然后渐渐引入确定的说服主题。

学会"没话找话"，找出一个双方都感兴趣的话题。如果有一个好的话题，谈话就容易持续下去。好的话题，通常是对方熟悉，双方都感兴趣，能展开探讨的话题。

一旦找到话题，就要巧妙地将话题渐渐引入主题中去，以保证确定目标的顺利推进。《触龙说赵太后》中，触龙为了赵国的前途，决心劝说太后让长安君去齐国做人质。他没有直接跟太后请求，反而一开始就聊家常，谈起了一些好像不相关的话题，最后话题渐进到了"疼儿子"上。触龙说："您疼女儿超过疼儿子啊！真正的疼爱应该是为儿女的将来着想。您看，您尽管想念远嫁燕国的女儿，但还是不让她回来看您，一心想让她在燕国生下子嗣，世代为君。这是为她长远打算啊。可您对长安君，光口头上说疼他，却阻止他去齐国为国家建功立业。这样下去，就算您给他锦衣玉食、土地爵位，可他一无建树，将来大家也会心有不服的。时间一长，他的日子也就会不好过了。所以我觉得，您疼女儿胜过疼儿子。"赵太后听了觉得有理，就把长安君送到了齐国。齐国果然出兵，帮助赵国打退了秦兵的进攻。可见，开发话题，一定站在对方的角度去考虑，开发对方感兴趣的话题，并在自然状态下、不知不觉中导入主题，这才是高手。

### 4. 认同插话

如果确有插话的必要，最好在认同对方的基础上，想方设法找出相同点，并且加以认同、加以肯定，以此突破，引出自己的话题。一般用"正像你所说的……""你说得对……""我赞同你的看法……"这样的说法，在认同和肯定对方的同时，巧妙表达出自己的一些看法，让对方感到舒服自然。

听对方谈话的同时，提一些问题，让对方说话更有兴致，是说服的一个技巧。但是这种提问式插话，不宜过多，要相信对方的判断能力和智慧，不要拉拉杂杂地阐述事情的过程，遭人反感。对此，多用提示、确认、点到为止的方法。如果对方话题"扯"远了，可以用"你说的某某问题的确很重要，可不可以这样认为……"既肯定对方，又表达了自己的意思，把话题引回来。如果对方说的正是你认为的关键点，可以用"你说的某某问题和我想到一起了，我也是这样的看法……"，将对方的某句话单独提出来，加以认同确认，突出谈话主题，向着自己希望的目标推进。同样，"正像你所说的……""你说得对……"把对方的话再重复一遍，强调谈话的重点，肯定激励对方。

5. 制造幽默

没有谁会对枯燥乏味的说服感兴趣。说服高手在与对方交谈时，自己会很放松，还能从中不时地加上一些幽默的语言或自嘲的话语来活跃气氛。

不论是大人物还是小人物，幽默都是活跃气氛的妙招。但是要注意，不要在不适宜的场合刻意制造幽默，让对方感到勉强，反而于营造氛围不利。千万不要拿对方来开玩笑、活跃气氛，这样很容易让人反感，甚至有可能把局面搞僵。当遇上一些尴尬的事情时，要大度一些，学会适度调侃，否则会让别人感到压抑。

6. 适时归纳

把整个话题说完之后，如果感到自己的话还没有说清楚、不够完整，或感到对方没有完全理解其中的意思，或需要强调某个方面的重要性，或试探对方的认可程度，可以根据实际情况，再做提炼，突出重点进行归纳，概括性地做补充说明。

一是强调主题。大量理由阐述后，认为主题有淡化的可能，反过头来再次提及主题，提纲挈领地把已经表达的主题再精炼，通过简短精准的语句，归纳性地进行总结，从论述层面回到关键的主题上，引导对方把握方向，进一步明确说服的目的性。多用"总之，我认为……""说来，就一个意思……"等。

二是深化要点。说服过程中，有了新发现或灵感，需要丰富、提升说话内容，在结束谈话前及时进行归纳，通过补充、完善，提高说服力。

三是试探评估。归纳的一个突出作用，可以试探确认对方认同你说服的程度，评估说服的效果，为进一步应对提供依据。对此，多用商量的方式提问，"某某事情不知我说清楚了没有？""你认为某某事情这样处理合不合适？""你看某某活动能这样开展吗？"等等，把"球"踢给对方，看看对你所说话题作何反应，借机评估一下自己的说服效果。这样，既达到了试探的目的，又显得尊重对方，重视对方的意见，有"一箭双雕"的效果。

### 九、巧妙拒绝

拒绝是对方提出需要求助（帮助）后的说服。对方提出的求助，自己不想做，需要拒绝，就要巧妙应对给予说服，让对方认可，并且收回想法。拒绝是个得罪人的"差事"，常常让人烦恼，要善于巧妙应对。

#### 1. 直接拒绝

直接拒绝，不需要理由。笑一笑，说："不必了，谢谢你。"如果不欠别人什么，只要待他有礼貌就可以了。你没必要说明理由，除非你愿意那样做。

#### 2. 感激拒绝

你既不喜欢这个人，也不喜欢他提议的活动，但是，你却很感激他邀请你，那就把你的拒绝"夹杂"在对他的感谢之中。你可以这样说：

"其实能和你一起活动，我很高兴，但是我已经安排活动了。不过，我很感谢你的邀请。"

3. 暗示拒绝

别人想邀请你做一件你不想做的事，可以采取"答非所问"的方式，巧妙地利用暗示的方法让对方知道，你对他的邀请不感兴趣，他就会知趣而退。

薇薇在舞会上认识了一个男士，开始两人都感到对方不错，于是开始交往。很快薇薇发现对方并不合适，于是打算找一些借口断绝往来。

"下周末我们还去爬山怎么样？"分别的时候，男士又邀请薇薇。

"下周我们一直都要上班，周末也是。"

"那就再下周吧？"

"到时候再说，最近总是在周末出去玩，到周一上班都没什么精神，我要回去休息了。"

男士马上意识到了薇薇的意思，再不好联系薇薇了。

4. 拖延拒绝

如果对方是你的好朋友，既然你担心直接拒绝可能伤害对方，不如采取拖延时间的方式来拒绝。比如有朋友说："明天来我家玩吧。"可是你不想去，如果直接说"我没空，不想去"，肯定不合适。不如说"明天不行，下次吧"，这样产生的效果会更好。

5. "第三者"拒绝

当别人有求于你，或发出邀请，而你又不好当面拒绝，自己亲口说不合适的时候，可以巧妙利用"第三者"转达。

小王说："薇薇让我告诉你，家里来了亲戚，不能陪你去商场采购了。"这种利用第三方作为"中介"，巧妙转达拒绝的方式，使当事人双方避免了见面的难堪。

6. 模糊拒绝

模糊拒绝的功效在于，既给对方留下了一点希望之光，不至于太失望或太难堪，也给自己设置了一块"缓冲地带"，使自己有了回旋余地。

小马当上处长后，一些人纷纷利用各种机会向她发出"盛情邀请"。她想，如果赴约既耽误工作，也容易给别有用心的人钻空子。于是，她想了个"模糊表态"的方法来应对。一次，某人利用自己过生日的机会请马处长"光临寒舍"。小马不想赴这个宴，又不好拒绝，便说："你定的那个日子，正好已经约了人谈工作，到时如果进行得顺利的话，我会抽空过去，咱们聚一下。"言下之意，要是进行得不顺利，那就对不起了。这样一说，对方也就不好再说什么了。

7. 推托拒绝

如果朋友邀你周末去旅游，而你不想同他交往，但这理由又不能告诉他。你可以对他说："旅游真是不错，我也很想去，可是我们周末要加班，真是对不起了。"用其他的事推掉不愿意做的事，是比较常见的拒绝方式。

# 第三章　说服的常用技法

　　说服人是一项复杂的思维活动，每个说服者和被说服者的情况不同、条件各异，实际结果千差万别，若能找到摸得着、可借鉴的规律性方法，对说服能力的培养和提高大有裨益。这里，归纳了一般情况和条件下开展说服的15种技法。（以下所引用的古文皆由作者译为白话文，特此说明）

## 一、直奔主题法

　　说服开门见山，不绕弯子，直接表达主题。

　　特点：目的性强，"单刀直入"。话题一打开，自己怎么想的，想干什么，希望对方干什么、怎么去做，直截了当地告诉对方，干脆利落。

　　要求：紧扣确定的主题、确定的对象、确定的目标，让对方很快明白你表达的意思。

　　一是主题突出。一般情况下，最好确定一个主题，如果你感觉所说的事情很重要，就更应该如此。这样，首先利于说话的时候把握主题，容易把事情说清楚；其次，利于突显主题，给人留下比较深刻的印象，让对方集中思考，及时回应你的想法。

　　如果确实要说几个事情，最好按照轻重缓急安排说的顺序，强调最为重要的，以争取比较理想的结果。一下子让对方解决提出的多个问题，追求完美的结果，当然很好，但也要从对方考量，看看是否可能，是否要给对方留有余地。毕其功于一役，要求对方一一承诺，有时会难为对方，反而不能取得好的效果。在这种情况下，如果能够突出一个主题，把最重要的问题拿出来解决也是好的。

　　二是条理清晰。就是表达富有逻辑，说服有力，能让对方感到你的主题能"立得住"，提出的要求合情合理。

　　上来亮明自己的观点，给对方一个明确的信号，让其留下鲜明印象，然后阐述你之所以这样做的理由。阐述理由要像剥竹笋一样，层层剥开竹皮，得到需要的嫩笋心。切不可以画蛇添足，说些不相关的，更不能绕着弯子游离主题。这样，非但不利于突出主题，还有可能会让对方感到你头脑不清楚，说话啰唆，或有浪费时间之嫌，或让对方产生疑惑，一时难下决心。

　　这个技法多用于双方彼此了解、无需避讳的人，诸如家人、朋友、多年的同事等。"认同"性质的说服一般多用此法，比如新闻工作者、律师、教师等。

### 案例：《朋友，别挑食》

　　朋友，你挑食吗？也许因为肚子很饱，也许因为色泽不好，也许因为那种菜你不喜欢吃，但如果你因此而坚决不吃某些食物，那你就大错特错了。因为每种食物都有它自己特有的且人体不能缺少的营养。

　　人体所需的营养素大致分五类：维生素，脂肪，碳水化合物，蛋白质和矿物质。维生素以前的中译名叫维他命，顾名思义，维生素就是维持生命的元素。目前已知的维生素很多，主要有ABCDE等等。人体对于维生素的需求量是很小的，但是它们在人体中发挥着无可替代的作用。如果人体缺少维生素，不仅生长发育会受到影响，还会引发一些疾病。例如缺乏维生素A，就会引发夜盲症，这时就需要补充一些动物肝脏，胡萝卜等；缺少维生素B，就会患脚气病，神经炎等，可吃些肉类，蔬菜等；还有我们经常听到的维生素C，缺少它便会得坏血病，患病的人就应该多吃些蔬菜水果。

蛋白质是构成人体细胞的基本物质，我们的生长发育，组织更新和提供能量都少不了它，蛋白质的主要来源是鱼类、牛奶、肉类、坚果、豆类等。

脂肪也是为人体提供能量的物质，一般来说，脂肪主要来源于油、蛋、鱼、奶等等。

能为人体提供能量的还有碳水化合物。可以说，人生命活动所需的能量主要来自于它，含碳水化合物的食物很多，几乎所有的食物都含有它。

最后是矿物质，它在人体内的含量也不多，常见的有钙和铁等，这些元素在体内也是不可缺少的，缺少它们身体也会患上一些奇怪的疾病。

总之，人体需要上述的所有营养，而这些营养都要从食物中获取。所以如果你想健康，就要听从我的忠告，别挑食！

（作者：季晓光。来源：小学网）

分析：首先点题，开门见山，"坚决不吃某些食物，那你就大错特错了"，如同我们写议论文，首先点题，提出自己的论点；其次论证，就论点进行论证，从人体所需维生素、蛋白质、脂肪、碳水化合物、矿物质各自对人体的作用和意义，以及它们来自不同的食物进行阐述，用大量的事例告诉人们挑食有害，别挑食。

《朋友，别挑食》

说服形式——认同。

说服主题——挑食有害健康。

说服对象——挑食的人。

说服目标——希望人们别挑食。

## 二、潜移默化法

通过一段合理的话语铺垫，巧妙绕过原本敏感、紧张的话题，让对方在轻松自然的状态中，渐渐认同你已经确定的说服主题。

特点：话语铺垫设计合理，让对方不知不觉中进入说服主题。

要求：一是铺垫合理。设计铺垫话题的时候，把握与说服的逻辑关系和必然联系。与所要表达的主题相关联时，应该是由远到近、由表及里、由浅入深，渐进地涉及主题。否则，就会给人东拉西扯、另有"企图"的感觉。

实际上，做到合理，是一件很不容易的事情，因为你面对不同的人，而他们情况各异，如何让他们参与其中，把话题拉开，再图深入，就要对症下药，"见什么人说什么话了"。在某种情况下，如果能找到对方的兴趣点，比如从天气、新闻、子女、回忆、笑话等入手，把话题搭上，就具备了合理的成分。这里有很深的学问和技巧，需要长期的实践和积累。

二是做法自然。尽量让铺垫话语与主题过渡自然、衔接紧密，让对方在舒服的感觉中，乐意接受你的主题。千万不要牵强造作，让对方感觉有急功近利之嫌，更不能让人有"设套"被"忽悠"的感觉。这样，非但目的达不到，还可能让对方对你产生看法和抵触。

这个方法多用于有思想疙瘩，或对方已经有自己的意见、看法，或触及对方较敏感的利益问题和隐私等，需要有针对性地开展思想工作的人。

### 案例：《触龙说赵太后》

这篇文章是我国古代利用潜移默化法进行说服的典型范例。

**背景**：公元前265年，赵国君主去世，年幼的儿子孝成王继位，赵太后实际掌管政权。秦国见有机可趁，发兵攻赵。赵国危在旦夕。

赵国求助齐国，齐王答应出兵，但条件是赵国必须派太后的幼子长安君去齐国做人质（当时的惯例）。赵太后最宠爱长安君，对此大发雷霆，坚决不答应，并放出狠话："有人胆敢开口提这档事，我将吐他一脸唾沫！"

触龙，赵国老臣，官为左师，是德高望重的国老。僵局之下，触龙运用"潜移默化法"，最终说服赵太后，用长安君作人质换取齐国出兵。

赵太后新掌权，秦国进攻赵国。赵国向齐国求救。齐国说："必须用长安君作为人质，才出兵。"赵太后不同意，大臣极力劝谏。太后明确告诉左右："有再说让长安君做人质的，我老婆子一定吐他一脸唾沫。"

左师触龙提出希望谒见太后。太后怒容满面地等着他。触龙进来后缓慢地小步跑向太后，到了跟前请罪说："老臣脚有病，已经丧失了快跑的能力，好久没能来谒见了，私下里原谅自己，可是怕太后玉体偶有欠安，所以很想来看看太后。"

太后说："我老婆子行动全靠手推车。"

触龙说："每天的饮食该不会减少吧？"

太后说："就靠喝点粥罢了。"

触龙说："老臣现在胃口很不好，就自己坚持步行，每天走三四里，稍微增进一点食欲，对身体也能有所调剂。"

太后说："我老婆子可做不到。"太后的脸色稍微和缓些了。

触龙说："老臣的劣子舒祺，年纪最小，不成才。臣子老了，偏偏爱怜他。希望能派他到侍卫队里凑个数，来保卫王宫。所以冒着死罪来禀告您。"

太后说："年纪多大了？"

触龙说："十五岁了。虽然还小，希望在老臣没死的时候先拜托给太后。"

太后说："做父亲的也爱怜他的小儿子吗？"

触龙说："比做母亲的更爱。"

太后笑道："妇道人家特别喜爱小儿子。"

触龙说："老臣私下认为，太后爱女儿燕后胜过爱长安君。"

太后说："您错了，比不上对长安君爱得深。"

触龙说："父母爱子女，就要为他们考虑得深远一点。您的女儿出嫁的时候，您抱着她的脚哭泣，可怜她要远嫁，是够伤心的了。送走以后，时时想念，每逢祭祀祈祷，都希望女儿'千万不要被休回来'，难道不是从长远考虑，希望她有子孙可以代代相继，在燕国为王吗？"

太后说："是这样。"

触龙说："从现在往上数三世，赵国君主的子孙凡被封侯的，他们的后代还有能继承爵位的吗？"

太后说："没有。"

触龙说："不只是赵国，其他诸侯国的子孙有吗？"

太后说："我老婆子没听说过。"

触龙说："难道是君王的子孙就一定不好吗？他们地位高人一等却没什么功绩，俸禄特别优厚却未尝有所操劳，金玉珠宝却拥有很多。现在您给长安君以高位，把富裕肥沃的地方封给他，又赐予他大量珍宝，却不曾想到趁现在让他为国家做出功绩，有朝一日太后百年了，长安君凭什么安身立足呢？老臣认为您为长安君考虑得太短浅了，所以我觉得你爱长安君不如爱燕后。"

太后说："行啊。任凭你派遣他到什么地方去。"

于是为长安君套马备车一百乘，到齐国去作人质，齐国出兵救赵。


分析：迫在眉睫，众人正不知所措时，老臣触龙愿意晋见太后。太后听说触龙要来，早已测知来意，盛怒之下等待他来，准备给他难堪。

触龙采取了以下对策，避免冲突，达到潜移默化的说服效果。

一是"搭话"。触龙避重就轻，把健康作为谈话的切入点，首先和太后搭上话。原本臣见君应诚惶诚恐疾步快走，此时触龙却以缓慢的小跑步走到太后跟前谢罪，说明不能疾走是由于脚有病，先摆出弱者姿态，并说明是关心太后健康，特赶来探望。

太后感叹自己行动也已衰退，需仰赖车子代步。触龙问起饮食是否正常？太后说只能吃点粥。触龙当即提供自身养生之道，每当胃口欠佳，就步行三四里，有助于食欲。太后说连散步的体力都没有。这时太后脸色已缓和许多。

二是怜子。触龙并未急于提长安君之事，而从自己的孩子舒祺说起。乍听之下，触龙冒死罪请求为少子求官职，趁自己未入棺前，妥当安置幼子。触龙怜幼子之心态，也应了太后当时怜子之心情，太后毫不犹豫欣然应允。这样就成功地转移了视线，找到了"怜子"这个共同点。太后以触龙为知心者，同病相怜，产生了想进一步了解如何为子女打算的想法。

太后问："你也疼爱最小的孩子呀？"触龙回答："甚于女人"。太后笑着说："还是女人更疼爱些。"太后找到了"知音"，喜出望外，所以面带笑容称女人比男人更疼幼子。

三是计远。触龙仍不从正面说，却以旁敲侧击方式道出爱子之真义，故意说太后爱女儿甚于儿子，有意让太后迫不及待道出怜长安君更甚，给以后适当切入主题寻找时机。

于是引发了"父母疼爱孩子，就要为孩子做长远打算"的说服主题。能为孩子计虑深远，才是真正疼爱子女。太后完全同意这样说法。

四是实证。触龙进一步举实证：三代以来，君主的子孙凡被封侯的，他们的后代都没有继承爵位。不是这些王孙不好，是因为位尊而无功，俸厚而无劳。"如果不趁此机会让长安君为国家立功，您若百年之后，长安君在赵国如何立足？"将这个问题抛给太后，让其深思。

通过搭话、怜子、计远、实证，触龙一步步引导太后走向说服的主题，最后终于达到说服的目的。

《触龙说赵太后》

说服形式——忠告。

说服主题——能为孩子计虑深远，才是真正疼爱子女。

说服对象——手握生杀大权的赵太后。

说服目标——计远。长安君应该报效国家，去齐国做人质，既换取齐国的相救，又换取将来执政的政治资本。

### 三、点到为止法

注重说服的"尺度"，话不求多，语不能少，话语恰到好处，触及对方要害之处即可，起到"四两拨千斤"的作用。

特点：抓住问题的关键，用精练的语言，点到问题的要害之处，引起对方触动、惊醒、思考。相信对方的智慧，尊重对方的能力，给对方开阔的想象空间，发挥对方的主观能动性。在你的点拨启发下，让其自己说服自己，按照你的说法去做。

要求：点到为止法是一种比较高级的说服方法，掌握说服的"尺度"是关键。

一是话有分量。点到为止法，如同武术中的"点穴位"，一下子能够"拿住"对方。为此，设计话语要有很强的针对性，把言之有物、晓之以理的话浓缩起来，通过几句甚至一句有分量话来打动对方。

话有分量不是说大话、说空话，更不是说狠话、说吓唬人的话，而是有激励推动力量、一下子引起对方的重视、产生想象空间、促其警醒的话。

二是话有控制。掂量对方的承受力，看对方的具体情况来说服。话过头了就会过犹不及，非但没有效果，还会伤及对方；话不到位，起不到"点到"的目的。

要充分尊重对方的感受和自尊，尤其是在一些公开场合，给对方留面子，让对方认可你的教养和水平，体会到你的好意和良苦用心，感受到你对他的信任和尊重。

三是见机说话。同样一句话，说的时机不同，产生的效果是不一样的。这主要与对方所处的环境和当时的心理状态有关。

点到为止法用于"忠告"主题性质的说服。一般多用于庄重的正式场合，或高级的谈判，或上下级之间。尤其是当着第三者或众多人开展说服的时候，用此法容易奏效。因为"点到为止"就意味着尊重对方，相信对方的精明和智慧，同时，避免了直白说服可能会带来的伤害。

## 案例：《晏子巧劝齐景公》

背景：齐景公是一个开明的国君，善于纳谏。但是他喜欢喝酒，甚至到了嗜酒的程度。忠诚的大臣看不下去，怕他以酒误国，纷纷上谏劝其戒酒，都不见成效，最终晏子的一句话让国君戒了酒。

齐景公嗜酒如命，他可以连喝七天七夜不停止。大臣弦章上谏说："君王已经连喝七天七夜了，请您以国事为重，赶快戒酒，否则就请先赐我死好了。"

大臣晏子参见齐景公，齐景公向他诉苦说："弦章劝我戒酒，要不然就赐死他；我如果听他的话，以后恐怕就得不到喝酒的乐趣了；若不听的话，他又不想活，这可怎么办才好？"晏子听了便说："弦章遇到您这样宽厚的国君，真是幸运啊！如果遇到夏桀、殷纣王，不是早就没命了吗？"于是齐景公果真戒了酒。

分析：晏子的劝诫别出心裁，他既没有纵容君王喝酒，亦没有直接阻止君王喝酒，而是以古时昏君加以比照，采取点到为止的方法，使齐景公以之为鉴，并从此戒掉酒。

夏桀、殷纣王都是历史上臭名昭著的暴君，任由自己的性子胡作非为，臣子们看不下去纷纷劝谏，都遭到残酷的极刑。晏子并没有阐述嗜酒误国的大道理，而是一句话，点到问题的要害之处，起到了一石三鸟的作用。

一是划清明君和昏君的区别。巧妙地表扬了齐景公善于纳谏、宽容大度、知错认错的明智之举，肯定他是一个好国君。

二是肯定弦章是一个忠臣。以国君明智善纳谏，反衬弦章的忠诚。

三是相信齐景公的智慧。不做解释，给其充分的思考空间，相信以他的贤德和明智能够处理好这个问题。既维护了国君的尊严和脸面，又起到了"点到"的目的。

《晏子巧劝齐景公》

说服形式——忠告。

说服主题——嗜酒误国。

说服对象——齐景公。

说服目标——戒酒理政。

### 四、晓以利害法

通过深入分析对比，找出问题的"利害"关系，帮助对方看到问题的严重性，从而消除顾虑，进行"利"和"害"的取舍。

特点：告知事件可能产生的影响、带来的利害等，两利相权取其重，两害相权取其轻，趋利避害，做出选择，完成说服工作。

要求：一是为对方着想。站在对方的立场和角度考虑问题、分析事物，晓以利害才有实际意义。因为这种说服是替对方着想谋划的过程，越是贴近对方，对方越能够感到你的诚意，越容易接受你的观点和看法。反之，"醉翁之意不在酒"，掺杂一些私利，或让对方看出"另有企图"，就可能怀疑你的动机，造成面和心不和、口服心不服的局面。

二是击中"利害"。晓以利害的论点和论据要有力量，通过充分的理由和实在的道理，让对方感到入情入理，看到问题的严重程度，以及事态走向，引起震动、警醒和关注。

三是平等对话。晓以利害是把事情的利害关系给人讲清楚，是摆事实讲道理得出来的结论。所以，不宜居高临下进行说教。因为，你的理由触及"利"和"害"，对方未必予以接受。

要给对方思考的余地和商量交流的时间，并及时根据对方的理解和愿望，调整自己的思路和话语。不能"竹筒倒豆子"，不看对方的脸色，只管自己噼里啪啦说得没完没了。更不能让对方不敢说话，或没有机会说话，这样你所说的"利害"对方也不会认可。

切忌别出心裁、自恃高明、以话压人，说危言耸听的话吓唬人，或把自己的想法强加于人。

这种方法多用于警示教育、调整思维、改变做法、选择取舍等方面的认同和忠告。

### 案例：《烛之武退秦师》

背景：郑文公依附楚国，对晋文公无礼。晋文公联合秦穆公围攻郑国。大兵压境，形成围攻之势。危急之中，郑国派烛之武出使秦国。烛之武运用晓以利害法促使秦、晋退兵，化险为夷。

晋文公联合秦穆公围攻郑国，晋军驻扎函陵，秦军驻扎汜水之南。佚之狐向郑文公说："国家危险了，如果派烛之武去见秦君，秦国军队一定会撤退。"郑文公听了他的意见。

当夜，烛之武用绳子从城墙上坠下去。见到秦穆公，烛之武说："秦、晋两国围攻郑国，郑国已经知道就要灭亡了！如果郑国灭亡对您有好处，那就值得烦劳您的左右。越过其他国家而在远方设置边邑，您知道这是很困难的。哪能用灭郑来加强邻国呢？邻国实力雄厚，就等于您的力量薄弱啊。如果不灭郑国而使它成为您东方道路上的主人，贵国使臣来往经过，供应他们的食宿给养，这对您也没有坏处。再说您也曾经施恩于晋惠公，他答应给您焦、瑕两地，可是他早晨刚刚渡河回国，晚上就在那里筑城防御，这是您所知道的。那个晋国，哪里有满足的时候？它既以郑国作为东边的疆界，又要扩张它西边的疆界，如果不损害秦国，它到哪里去夺取土地呢？损害秦国而有利于晋国，希望您还是多多考虑这件事。"

秦伯很高兴，与郑国订立盟约，委派杞子、逢孙、杨孙戍守郑国，自己就率军回国。

晋国大夫子犯请求袭击秦军。晋文公说："不可，如不是秦国国君的力量我到不了今天这个地步。依靠过别人的力量而去损害别人，是不仁；失去同盟国，是不智；用冲突来代替联合，是不武。我们还是回去吧。"于是晋国的军队也撤离郑国。

分析：一是目的。烛之武见到秦穆公说自己不是为救国而来，而是为秦国而来，首先表明自己出使的目的。"秦在西方，郑在东方，中间隔着个晋国。郑一旦灭亡，得利的是晋国，秦国不可能越过晋国而把郑国作为自己的领土。晋强大了，相比之下，秦国力量不就削弱了吗？"

二是示利。烛之武说，如果保存郑国，让我们做东方路上的主人，途经的秦国使者凡缺少费用与物资，由郑国供应。这样，对秦国不仅无害而且有利。郑国可以用作秦国向东通道的供应补给站。

三是示害。烛之武说："晋国贪得无厌，是个不讲信用的国家。早年晋国内乱，晋惠公逃到秦国，是您出力帮他回国获得君位。晋惠公曾答应回国后要把焦、瑕两座城池割给秦国，作为报答。可是，回去后一切许诺都赖掉了。"提起这事，秦穆公大为恼火。烛之武又推波助澜道："晋国获得东边郑国土地，就会设法扩大西面边境。西面就是秦国，他不侵夺秦国土地又向何处扩展？望君王看远些，要防备晋国啊！"

烛之武"说得有理"，将利害关系讲得非常清楚，击中了秦穆公的"要害"之处。秦穆公命令退兵。晋国失去盟军，只好撤退。

《烛之武退秦师》

说服形式——求助。

说服主题——趋利避害，不能与晋国合作。

说服对象——秦穆公。

说服目标——退兵。

### 五、亲身经历法

用自己的亲身经历现身说法，以此说服对方。

特点：自己亲身经历的事情，往往记忆深、感触深，以自己的亲身感受，或经验教训说服对方，能够使人觉得你的观点真实、可靠。最突出的好处是，易于贴近对方、走进对方。

要求：融入。融入就是通过自己亲身经历的事实，让对方也能感受你的经历，从中获得启发，选择自己所需。

一是贴近。这是融入的前提。人生经历不同，阅历相异，看法千差万别。用自己的经历举例要有可比性，尽可能贴近对方的实际，最好是类似的事情或情况。通过你的经历，让对方看到你一路的"足迹"，而这个"足迹"正是一个好的取向，是通向胜利的做法。如果按照你所说的顺势走下去，就会达到自己的目的，对方很容易受到启发，接受你的观点。

　　尤其对方在某件事情缺乏认识和经验的时候，用这种方法比较奏效。比如，你的亲人或朋友准备到某个地方旅游，你已经去过那个地方，为了安全起见，可以用自己的亲身经历现身说法，告诉他哪些地方可以去，哪些地方最好不去，会遇到危险。

　　用亲自得来的经验展开说服，容易使对方感到你的说法确有参考价值。

　　二是可信。这是融入的基础。有种情况，为了急切达到说服对方的目的，往往在自己的经历中"添油加醋"，夸大其词，这样就会发生两种情况，要么让对方看出破绽，感到你说得"离谱"；要么真的按照你说的去做了，并没有达到你所说的效果，从而怀疑你的可信度，以致对你产生看法。这是不可取的。

　　当然，在真实的前提下，可以适当地渲染气氛，使对方有身临其境的感觉，会收到意想不到的效果，从而大大增加说服的可能性。

## 案例1：《珍重朋友》

　　背景：几天来，小罗很苦恼，因为一些小事与朋友产生了矛盾，闹得彼此见面都不说话了。这天，小罗闷得慌，找到好朋友小张解闷，说到自己遇到的事情。小张并没有讲道理，而是说了一件自己小时候亲身经历的事情。

　　　　那是一个严寒的冬天，北风凛冽。我们班正在上美术课，老师让我们画自己喜爱的卡通画，同学们顿时行动起来。突然，不知谁的墨水瓶掉在地上，"咣当"一声，安静的教室顿时好似响了一颗炸弹，同学们顿时惊呼起来，我旁边的小薇手一哆嗦，一下子把笔扔到我的身上。这可是我妈刚给我买的名牌——阿迪达斯呀！还没穿一天哪！看到衣服上的红色斑点，我心疼坏了，大声喝道："你赔我衣服，你赔我衣服……"小薇惊恐地看着我说："对不起，我不是故意的，我给你擦擦吧。""谁要你擦，你要赔我新衣服！""我不是故意的，就不赔！"我俩越吵越凶，最后在老师的劝说下停下来，但谁也不理谁了。

回到家，我把这件事告诉了妈妈。原以为我妈会给我出气的，谁知我妈想了想，语重心长地对我说："孩子，你和小薇是好朋友，平时她没少帮助你，我们可要想着人家的好，不能因为一点事就翻脸不认人，这不好。何况，她又不是故意的。衣服脏了，可以给你洗一洗，甚至，可以再给你买一件，可是，你要做伤害友情的事，妈妈可不答应，要知道友情比什么都重要。做人要大气，要宽容。明天上学的时候，给小薇道歉，要做个有涵养的人。"

晚上，我辗转反侧，难以入睡，感觉妈妈的话很有道理。我很懊恼，是呀，就这点事，失去一个朝夕相处的好朋友，真是太不应该了，真是太小心眼了，如果我当时能够原谅她就好了，我应该想办法弥补。想着想着，我迷迷糊糊地睡着了。

第二天，我们俩在上学的路上碰见了，我们两个竟然不约而同地说："对不起。"我不好意思地说："对不起，昨天是我错了，我不该对你那样，不就一件衣服吗？友情应该比衣服重要，希望我们还能做朋友，你能原谅我吗？"只见小薇坚定地说："我也有错。好朋友在任何情况下都是不离不弃的，我们永远是好朋友。"我兴奋得一蹦多高："耶！我们是永远的朋友！"说完，我们像欢快的小鹿高兴地向学校跑去。这件事过去很多年了，我至今难以忘怀。

小罗听了深受感动和启发，心情一下子好了起来，决定马上找对方主动承认自己的错误。

**分析**：小张的高明之处就在于没有"居高临下"地说教，而是利用自己曾经经历的事，通过生动的故事，深深打动和启发了小罗，收到了十分明显的效果。有些重要的说服，用亲身经历展开，往往胜过"空洞"说教。

> 《珍重朋友》
>
> 说服形式——认同。
>
> 说服主题——小张希望小罗能够认同自己曾经的做法。
>
> 说服对象——小罗。
>
> 说服目标——启发小罗要珍重朋友之间的感情，不要为一点小事伤了友谊。

### 案例2：《邹忌讽齐王纳谏》

**背景**：战国时期，齐国谋士邹忌劝说君主纳谏，使之广开言路，改良政治。

邹忌身高八尺多，体形容貌美丽。有一天早上，他穿好衣服，戴上帽子，照着镜子，对他的妻子说："我跟城北的徐公谁漂亮？"他的妻子说："您漂亮极了，徐公哪里比得上您呀！"原来城北的徐公，是齐国的美男子。邹忌自己信不过，就又问他的妾说："我跟徐公谁漂亮？"妾说："徐公哪里比得上您呢！"第二天，有位客人从外边来，邹忌跟他坐着聊天，问他道："我和徐公谁漂亮？"客人说："徐公不如你漂亮啊。"又过了一天，徐公来了，邹忌仔细地看他，自己认为不如他漂亮；再照着镜子看自己，更觉得相差太远。晚上躺在床上反复考虑这件事，终于明白了："我的妻子赞美我，是因为偏爱我；妾赞美我，是因为害怕我；客人赞美我，是想要向我求点什么。"

于是，邹忌上朝去见威王，说："我确实知道我不如徐公漂亮。可是，我的妻子偏爱我，我的妾怕我，我的客人有事想求我，都说我比徐公漂亮。如今齐国的国土方圆一千多里，城池有一百二十座，王后、王妃和左右的侍从没有不偏爱大王的，朝廷上的臣子没有不害怕大王的，全国的人没有不想求得大王（恩遇）的，由此看来，您受的蒙蔽一定非常厉害了。"

威王说："好！"于是就下了一道命令："各级大小官员和老百姓能够当面指责我的过错的，得头等奖赏；书面规劝我的，得二等奖赏；能够在公共场所评论（我的过错）让我听到的，得三等奖赏。"命令刚下达，许多大臣都来进言规劝，宫门和院子里像个闹市；几个月后，偶尔才有人进言规劝；一年以后，有人即使想规劝，也没有什么可说的了。

燕国、赵国、韩国、魏国听说了这件事，都到齐国来朝拜。这就是人们说的"在朝廷上征服了别国"。

分析："我确实知道我不如徐公漂亮。可是，我的妻子偏爱我，我的妾怕我，我的客人有事想求我，都说我比徐公漂亮"。邹忌用自己亲身经历的事情，通过现身说法，向齐王阐明已经受"蒙蔽"的道理。齐王觉得邹忌说得非常有道理，于是就下令全国公开纳谏。

《邹忌讽齐王纳谏》

说服形式——认同。

说服主题——以自己的亲身感受告诉齐王，不能被眼前的平和景象蒙蔽，应该广开言路。

说服对象——齐王。

说服目标——采纳谏言，兴旺国家。

## 六、打比方法

用本质不同而又有相似点的事物描绘另一事物，把道理说得明白透彻，让对方更加容易理解认同，有一个不同于往常的重新认识，以此开展说服的方法。

特点：用形象的事物来描述抽象的事物，使抽象的事情形象化，用简单的事物来描述复杂的事物，使复杂的事情简单化。以此，引发对方联想、想象，给对方留下鲜明深刻的印象，帮助对方深入理解其中的道理，达到说服的目标。恰当的打比方胜过长篇大论。

要求：打比方法具备条件是：暗含特征，有可比性。找到客体与主体之间相似的特点，以及共同之处，或某方面的外部特征相似，或某方面的形态特征类似，或某事物内部特征相仿，或某些情味、色彩相互协调等等。

## 案例1：《惠施善"打比方"》

惠施是战国时著名的魏国的宰相，说话常常爱打比方。有人诋毁惠施说："惠施说话总爱打比方，假使不让他用这个方法，他就什么事也说不明白。"

一次，魏王看见惠施，说："先生以后说话直截了当好了，不要再打比方！"

惠施说："现在有个人不知道'弹'是怎么回事，如果他问您'弹'的形状是怎样的，而您告诉他'弹'的形状就像'弹'，他能听明白吗？"魏王摇着头。惠施说："可是，如果告诉他，'弹'的形状像把弓，是用竹子做成弦。他能不能听得明白呢？"魏王点点头说："这回可明白了。""这就对了！"惠施继续说下去，"打比方就是帮助别人用它所熟悉的逐渐理解他还不熟悉的。如果不打比方，有些事情怎么说得清呢？"魏王认为惠施说得很有道理，不住地点头说："你说得很对。"

后来又有人说惠施的坏话，魏王直接对他说：现在你给我讲解一下什么叫做弹，不要打比方。说坏话的人开始皱眉头，说弹就是用来打东西的。魏王问，那么棍子也是用来打东西的，为什么棍子不叫做弹？说坏话的人不知道如何回答了，想了想说，棍子是树枝一样直的粗的，弹是弓一样弯的。魏王说：你已经在打比方了，请以后不要再诋毁别人了吧。

分析：这则故事的妙处在于，说明打比方在说服中的重要作用。

化抽象为具体。没有了解过"弹"的人，对此并没有概念，最好的说服就是把抽象具体化、简单化，用弓来打比方，让人头脑中立刻就有了具体形象的东西，变得好理解了。

面对魏王"直截了当"说话，不要打比方的刁难，惠施以弓为例，用实际例子说明打比方是把事情说得清楚、明白的最好一个方法，表现了惠施说服魏王的高明之处，也成为魏王屡试不爽的一种方法。

《惠施善"打比方"》

说服形式——认同。

说服主题——打比方是说服的一个重要方法，在很多情况下是

离不开的。

说服对象——魏王。

说服目标——用打比方的方法进行说服，确有效果。

**案例2：《罗斯福巧说对立面》**（见第五章"说服方案的制订案例"）

**七、认同法**

通过寻找与对方的共同之处，及时给予认定，引导对方接近你的说服主题和目标，逐渐接受你的观点，以达到说服的目的。

特点：说服对方时，一开始不要讨论有分歧的事，坚持不懈地强调双方都认同的事情，继而肯定双方都在追求同一目标，之间的唯一差别只是在方法上，而不是在目标上。

要求：一是目标一致。积极寻找解决问题的认同点，而这个认同点就是你确定的说服目标。"条条大路通罗马"，关键是要与对方的想法目标一致起来，双方都奔着"罗马"的方向走，都希望解决彼此的问题，那就有了认同的基础，在肯定对方的同时，也会换来对方的肯定认同。这时的说服重点可以放到如何引导对方到达目标路径，通过有效的方式方法搬掉道路上的障碍，尽量做到让对方回应"是""是的"认同的信号，避免说"不"。

二是态度真诚。如果你希望对方认同你的意见，请记住：真诚地从对方的角度来看待事情。与对方谈话时，一定要直视对方的眼睛，必要时以"不时点头"作为回应。这个点头动作更多的是向对方表示你的肯定和认同。这容易得到对方的信任。真诚是建立信赖感、与对方达成共识的桥梁。

三是消除距离。谈话中善用肯定语言拉近对方的心理距离，减少其防御情绪，就比较容易得到对自己有用的信息，常常会有意外的惊喜。

善于用认同法的人，常常会在谈话之始，就使用肯定的语气，从而将对方的心理导向肯定的方向。越能肯定对方，形成"是的，是的"谈话气氛，越容易使对方同意你的观点。反之，一开始就采取反对态度，非但于事无补，还可能因为脾气不和或某种隔阂产生对立。如果一开始对说服对象——顾客、孩子、丈夫或妻子说"不"，那么，恐怕你再有智慧和耐心，也不易将其否定的态度变为肯定。因为，宝贵的自尊心会促使对方固执己见，让其坚持到底。所以，说服工作一开始，就采取肯定的态度极为重要。

尽可能用这样的用语："你说得很有道理""我能理解你的心情""我了解你的意思""感谢你的建议""我认同你的观点""你的这个问题问得很好""我知道你这样做是为我好"等等。

四是善于接纳。当你认为对方的观点、感觉与自己的同等重要，并向对方表示这一点时，交谈才会轻松愉快。在与对方交谈时，要尽量从对方角度出发，告诉自己，对方之所以那样思考，那样行动，自然有他的理由和道理，从中细细揣摩对方话语中隐藏的原因，理解对方的行为和心理。你能否以同理之心接纳对方，决定了对方是否能以同理心接受你的观点。

## 案例：《认同的力量》

背景：认同往往能够显示出强大的威力。杨华在《家庭与生活报》的一篇文章，让人受到启发。我把它定名为《认同的力量》。

在我们的身边，有这样一位善于认同孩子的妈妈。

第一次参加家长会，幼儿园的老师说："你的儿子有多动症，在板凳上连三分钟都坐不了，你最好带他去医院看一看。"

回家的路上，儿子问妈妈，老师都说了些什么？她鼻子一酸，差点流下泪来。因为全班30位小朋友，唯有他表现最差；唯有对他，老师表现出不屑。然而，妈妈还是告诉了她的儿子："老师表扬你了，说宝宝原来在板凳上坐不了一分钟，现在能坐三分钟了。其他的妈妈都非常羡慕妈妈，因为全班只有宝宝进步了。"那天晚上，儿子破天荒地吃了两碗米饭，并且没让她喂。

儿子上小学了。家长会上，老师说："全班50名同学，这次数学考试，你儿子排49名。我们怀疑他智力上有些障碍，您最好能带他去医院查一查。"

回去的路上，妈妈流下了泪，然而，当她回到家里，却对坐在桌前的儿子说："老师对你充满信心。他说了，你并不是个笨孩子，只要能细心些，会超过你的同桌，这次你的同桌排在第21名。"说这话时，妈妈发现，儿子暗淡的眼神一下子充满了光，沮丧的脸也一下子舒展开了，她甚至发现，儿子温顺得让她吃惊，好像长大了许多，第二天上学时，去得比平时都要早。

孩子上了初中，又一次家长会。妈妈坐在儿子的座位上，等着老师点她儿子的名字，因为每次家长会，她儿子的名字在差生的行列中总是被点到。然而，这次却出乎她的预料，直到结束，都没听到，她有些不习惯。临别，去问老师，老师告诉她："按你儿子现在的成绩，考重点高中有点危险。"

妈妈怀着惊喜的心情走出校门，此时，她发现儿子在等她。路上，她扶着儿子的肩膀，心里有一种说不出的甜蜜，她告诉儿子："班主任对你非常满意，他说了，只要你努力，很有希望考上重点高中。"

高中毕业了。第一批大学录取通知书下达的日子，学校打电话让家人到学校去一趟。妈妈有一种预感，她儿子被清华录取了，因为在报考时，她给儿子说过，她相信他能考取这所学校。她儿子从学校回来，把一封印有清华大学招生办公室的特快专递交到她的手里，突然转身跑到自己房间里大哭起来，边哭边说："妈妈，我一直都知道我不是个聪明的孩子，是您……"，这时，她悲喜交加，再也按捺不住十几年来凝聚在心中的泪水，任它打在手中的信封上。

分析：一是认同建立信赖感。母亲的高明之处在于不责怪、不抱怨，想方设法地认同孩子，孩子点点滴滴的进步都看到眼里，用认同和信赖让儿子找回自尊，由此提振信心。儿子从开始的在"队"外，到不掉"队"，从不掉"队"，到跟上"队"，最后到走在"队"列前，恢复自尊，建立信心，认同始终成为母亲鞭策儿子的有效方法。

二是好的认同胜于说教。认同释放出强大的力量。认同催人奋进，能开阔失败者前进的空间，不断激励胜利者昂扬的斗志。它往往能够给人信心的同时，会催生人的成长，甚至创造一个奇迹。"建立信心比黄金重要"，母亲持久的认同，成为激励儿子找回信心的源泉。相比，一些大道理的"说服"，则显得苍白无力。

《认同的力量》

说服形式——认同。

说服主题——坚持不懈地认同肯定孩子的一点一滴的进步，让其始终行进在"队伍"中。

说服对象——儿子。

说服目标——增加孩子自信心，始终不言放弃。

## 八、反衬法

为了说服对方接受某事，不妨用一件更困难的事作反衬，让对方处在趋利避害的两难比较中，选择对自己有利的事情，以此达到说服目标。

特点：根据需要设置困难，而相对容易解决的困难，正是你期望的结果，也是对方需要的选择。

要求：巧妙设置困难。

一是巧妙设置。设置的困难要大于对方现有选择。鲁迅先生说："如果有人提议在房子墙壁上开个窗口，势必会遭到众人的反对，窗口肯定开不成。可是如果提议把房顶扒掉，众人则会相应退让，同意开个窗口。"

房子光线不好，或通风不好，提议在墙壁上开个窗口，有人反对。为了说服他们，用更加困难近乎不合理的做法"把房顶扒掉"，以此与"墙壁上开个窗口"反衬比较，让对方选择。对方通过比较，缩小了自己心中到"开窗"的距离，结果"墙壁上开个窗口"的劝说目标得以顺利实现。因为人们在判断事物时，要趋利避害进行比较，"开窗"要比"扒顶"容易得多，且合乎人们的心理和情理。所以，"开窗"更贴近人们的思维习惯，更让人乐意接受。

二是困难反衬。设置非此即彼的困难逻辑关系。有一场谈判，张副经理开始总是唱"白脸"，提出一些苛刻要求，令对方惊惶失措，灰心丧气，一筹莫展，目的是在心理上压倒对方。当对方感到山穷水尽时，陈总经理就开始登台，唱起"红脸"，提出一个折中的方案。面对这种阵势，对方认为折中方案是可取的，从而容易接受。实际上，张陈二经理运用的是困难反衬法，让对方在困难中进行选择，而这正是一个非此即彼的选择。选择前者，困难多风险大，残局难以挽回；选择后者，困难也不小，但不管怎么说损失会小些，留有缓解困难的余地，还有解决问题的机会。无奈之下，对方只有按照开出的"药方"进行抉择。

**案例：《冯谖客孟尝君》**

背景：《冯谖客孟尝君》出自《战国策》。冯谖是孟尝君家里的一名食客，孟尝君以礼相待。冯谖知恩报答，为孟尝君出谋划策、奔走效劳，使孟尝君既获美名，又得实益。其中，说服魏王重用孟尝君、以图恢复齐国职位，堪称运用困难反衬法的经典。

　　齐国有个名叫冯谖的人，家境贫困，难以养活自己，托人请求孟尝君，愿意寄食门下。

　　孟尝君问："先生有什么爱好吗？"冯谖说："没有。"孟尝君又问："先生有什么特长吗？"他说："也没有。"孟尝君笑了笑，接纳了他："好的。"

　　孟尝君身边的人因为主人不太在意冯谖，就拿粗茶淡饭给他吃。住了不久，冯谖就背靠柱子，弹剑而歌："长剑呀，咱们回去吧，吃饭没有鱼。"左右把这件事告诉孟尝君。孟尝君吩咐说："给他一般门客待遇，让他吃鱼吧。"住了不久，冯谖又弹着他的剑，唱道："长剑呀，我们还是回去吧，出门没有车坐。"孟尝君说："替他配上车，按照车客的待遇。"于是冯谖驾车带剑，向他的朋友夸耀："孟尝君尊我为上客。"这样过了一段日子，冯谖复弹其剑，唱道："长剑呀，咱们回去吧，无以养家。"左右的人都厌恶他，认为他贪得无厌。孟尝君问道："冯先生有父母吗？"左右答道："有个老母。"孟尝君资其家用，不使他母亲穷困，而冯谖从此不再唱牢骚歌了。

　　后来，孟尝君出了一通告示，问门下食客："请问哪一位通晓账务会计，能替我到薛地收债呢？"冯谖署上名字说："我能。"孟尝君看了很诧异，向左右随从："这是谁呀？"人们答道："就是那个唱'长剑呀，我们回去吧'的人。"孟尝君笑道："他果然有才能，我真对不起他，还未曾见过面呢。"于是请他来相见，道歉说："田文（孟尝君）每日为琐事所烦，心身俱累，被忧愁弄得神昏意乱，而且生来懦弱笨拙，只因政务缠身，而怠慢了先生。好在先生不怪我，先生愿意替我到薛地收债吗？"冯谖说："愿效微劳。"于是孟尝君替他备好车马行装，让他载着债券契约出发。辞别时，冯谖问："收完债后，买些什么回来？"孟尝君回答："先生看着办，买点我家缺少的东西吧。"

冯谖赶着马车到薛地，派官吏把该还债的百姓都叫来核对债券，全部核对之后，冯谖站了起来，假托孟尝君的名义将债款赏给这些百姓，并烧掉了那些券契文书，百姓感激得欢呼万岁。

冯谖又马不停蹄地返回齐国都城临淄，一大早求见孟尝君，孟尝君很奇怪他回来得这么快，穿好衣服接见他说："收完债了吗？何以回来得这般快捷？"冯谖答道："都收完了。""先生替我买了些什么回来？"冯谖说："殿下曾言'买些家中缺乏的东西'，臣暗想，殿下宫中珠宝堆积，犬马满厩，美女成行。殿下家中所缺少的，唯有仁义了，因此臣自作主张为殿下买了仁义回来。"孟尝君说："你怎么买仁义的？"冯谖答道："殿下封地只有小小薛地，不但不好好体恤薛地子民，反而像商人一样在他们身上榨取利益。臣为君计，私自假传殿下的命令，将所有的债款都赐给他们，并焚毁债券，百姓莫不欢呼万岁，这就是臣替殿下买的仁义呀！"孟尝君很不高兴，说："我知道了，先生退下休息吧。"

一年以后，齐王对孟尝君说："寡人不敢用先王的旧臣为臣。"孟尝君回到封地薛，还差百里未到，当地百姓扶老携幼，在路旁迎接孟尝君。孟尝君回头对冯谖说："先生为我买的'义'，今天方才看到。"冯谖对孟尝君接着进言说："狡兔三窟，才可得以免死。如今殿下只有一穴，尚不能高枕无忧，臣愿替殿下再凿两穴。"孟尝君便给他五十辆车，五百斤金去游说魏国。冯谖西入大梁，对惠王说："齐国放逐了大臣孟尝君，诸侯谁先得到他，谁就能富国强兵。"于是魏王空出相位，让原来的相国做上将军，派出使节，以千斤黄金、百乘马车去聘孟尝君。冯谖先赶回薛地对孟尝君说："千斤黄金是极贵重的聘礼，百乘马车是极隆重的使节，咱们齐国该知道这件事了。"魏国使者接连跑了三趟，可孟尝君坚决推辞不就。

齐王听到这个消息，非常震惊，连忙派遣太傅带着一千斤黄金，两乘四马花车及宝剑一把，外附书信一封向孟尝君道歉说："都是寡人行为的兆头不吉祥，遭受祖宗降下的神祸，听信谗言，得罪了先生。寡人无德，虽不足以辅佐，但请先生顾念先王宗庙，暂且回国执掌政务。"

分析：冯谖为孟尝君造"三窟"的过程，显示了过人的谋略。遭贬之人要想恢复地位，谈何容易，如何说服当权者？这时的冯谖用了"困难反衬说服法"，设置了一个困难大于齐王的选择——齐国的国家利益，让齐王在国家利益与孟尝君恢复地位上进行选择。孟尝君出走魏国，将对齐国造成重大损失，直接威胁到国家安全，而孟尝君恢复地位将可以避免这种情况的发生。显然，明智的君主要选择前者，不愿看到国家的利益受到损失，想办法留住孟尝君。

冯谖左右造势、哄抬价值，形成了第三方——魏王出面竞争孟尝君的局面。孟尝君的出走"君臣震恐"，齐王深知像孟尝君这样的人才到了魏国将意味着什么，于是道歉说："都是寡人行为的兆头不吉祥，遭受祖宗降下的神祸，听信谗言，得罪了先生。寡人无德，虽不足以辅佐，但请先生顾念先王宗庙，暂且回国执掌政务。"至此，冯谖的困难反衬说服大功告成。

> 《冯谖客孟尝君》
>
> 说服形式——认同：让齐王认识到孟尝君是一个怀才之人。
>
> 　　　　　　求助："魏王珍重，竞争孟尝君"。
>
> 说服主题——"哄抬"孟尝君的价值。
>
> 说服对象——齐王、魏王。
>
> 说服目标——恢复孟尝君的职位。

### 九、择机法

选择对方心情舒畅、精神状态良好的时候，或营造良好的环境机会，不失时机进行说服。

特点：根据对方喜好、情绪变化等因素见机行事。

"选择时机"作为技法，可以融入所有说服技法之中，因为所有说服都有"选择机会"问题。同时，也可以独立使用，因为人情绪异常复杂，有时候没有其他原因，就是因为对方情绪好，有些平常说不成的事情，这时候就成了。

要求：判断时机准确。千人千面，人本身的多样化，以及所处环境的不同，决定了人的多面性。人有情感，有欢乐时候，有悲伤时候；

人有好恶，有喜欢的，有不喜欢的，甚至还有不喜欢也谈不上讨厌的时候；人有需求，有大的有小的，有远的有近的，有急切的有舒缓的。人有感情、有看法、有好恶、有需求等等，这些往往受外界环境的刺激和影响而发生变化。凡此种种，开展说服时都需要及时准确地判断。

一是知人知情。这里一般有两种情况，首先，对于比较熟悉的人，主要看外界环境因素可能给他带来的影响。比如，家人、好朋友、一起多年工作的同事等，你已经对他们自身的情况有较多的了解，这时候，就要十分注意外在因素的力量。当然，这个外在力量有可能来自别处，也可能是你为开展说服，有意识营造出来的。

　　虎虎上高三了，面临高考。有同学约着假期一起报班学习游泳，当征求妈妈意见时，妈妈表示反对，认为学习任务重，还是把时间用在学习上。虎虎几次试图与妈妈沟通，妈妈都一口拒绝，没有商量的余地。虎虎动了脑筋，不是学校开展给自己父母洗一次脚的活动吗，劳累了一天的妈妈看电视的时候，虎虎实施了自己的计划。妈妈非常感动，还流下了眼泪。虎虎借此机会，说了学习游泳的益处，有益的锻炼能够减缓学习压力，促进学习效率的提高。于是，妈妈答应了虎虎的要求。

其次，对于不太熟悉的人，就要把精力更多地放到了解对方的性格和脾气上，多跟与之熟悉的人交流沟通，可能多地了解相关个人信息，掌握对方的喜好。交流的时候，细心观察周围环境可能给他带来的情绪变化。在确实掌握对方情况的时候，也可以主动出击，投其所好，营造一些开展说服的良机。

小王想换个工作岗位，搞自己拿手的营销工作，可上司是个不好接近的人，一直没有机会表达。于是根据上司所好，小王组织了一次团体登山活动，邀请上司参加，并与其一起登上山顶，上司很是高兴。在休息的时候，小王借机很自然地谈了自己的想法。高兴之余，上司答应可以考虑。事过不久，小王终于达到了自己的目的。

二是把握时机。要避免选择在干扰较多的氛围中，或者对方情绪反常的时候（如极度兴奋或沮丧）开展说服。

老张想让自己孩子上个好学校，决定给孩子转学，找到自己曾经关系不错的同学。老张分析老同学手里有关系，凭原来的友谊，让朋友帮忙，应该八九不离十。于是，老张进行专程拜访。是熟人，老张推门进了这个老同学的办公室，正好屋里有几个人正在谈事。老同学很给面子，见老张进来，停止了他们之间的谈话，问老张有什么事情，让老张先说。老张没有多想，就把求老同学的事情全盘说了出来，遭到老同学断然拒绝，说这是不可能的，还说了不少理由，老张显得很尴尬，心里很生气。回家把事情的前前后后给老伴说了，老伴帮着分析了原因，认为问题出在老张不应该当着外人的面谈"私事"。老同学当着来办事人的面，肯定会拒绝的。这件事情事后得到了证实，老伴分析的是对的。显然，老张说话时机掌握得有问题，老张应该"私话"私下里说才比较合适。

三是把握时间。说服的时间不对，可能招致说服的失败。如何把握说服的时间呢？

首先，依照对方性格来考虑说服时间。守旧的人一般很有时间观念，要说服这种人，必须严守时间，不得失约。

其次，依照对方的生活习惯来考虑说服的时间。最好是确定在对方乐于接见的时候去。另外，了解对方的生活习惯也是相当重要。有人有准时下班回家的习惯，若在下班前后进行说服，会引起他的不快。有的人习惯中午休息，这时想说服他，他会有抵触情绪。

再次，根据当时的具体情况来考虑说服的时间。这些具体情况包括对方的喜好、健康状况的好坏、是否有空等。在不适当的时间最好"什么都不要说"。如果上司对目前的事情已心满意足，就不再向他提出新的建议。即使有新的设想，也必须稍做等待，寻找机会再说。

有资料显示，早上10点钟的时候，人体处于最佳状态，人的积极性、热情上升，并将一直持续到午饭时分，这是交谈的好时机，不妨试试。

### 案例：《小王让计算机机房装上了空调》

有一个企业，刚购置了一批检测设备，并准备修建一个机房。但在机房安装空调一事上，领导却不肯批准，认为企业的其他人都在没有空调的环境条件下办公，不宜单独对机房破例。虽然机房负责人小王据理力争，说明安装空调是出于机器精密度的保护，而非个人享受的需要，但仍不能打动领导的"老脑筋"。

后来，企业的领导与大家一起出去旅游。在一个文物展览会上，领导发现一些文物有了毁坏和破损，就询问解说员。解说员解释说，这是由于文物保护部门缺乏足够的经费，不能够使文物保存在一种恒温状况下所致，如果有一定的制冷设备，如空调，这些文物可能会保存得更加完善。领导听后，不禁有些感慨。

此时，站在一旁的机房负责人小王趁机对领导低语：

"其实，机房里装空调也是这个道理呀。"领导看了他一眼，沉思片刻，然后说："回去再打个报告上来。"很快，这位领导就批准了他们的要求，为机房装上了空调设备。

分析：说话就像烹饪菜肴一样，非常讲究火候，除了要适合特定的场合外，还要善于选择恰当的时机。这就有如足球运动员掌握"决定性瞬间"的"临门一脚"，需要不早不晚、恰到时机地射中球门。小王的高明之处在于，在领导看到空调保护文物作用的时刻，抓住时机，用同一个道理，来说服领导，达到了目的。

《小王让计算机机房装上了空调》

说服形式——认同。

说服主题——安装空调是出于保护机器，而非个人享受。

说服对象——领导。

说服目标——机房装上空调。

## 十、引述法

引用叙述已经发生的事例进行说服，让对方感到这些事情已经实际发生，并与自己所面对的事情有相似之处，如果借鉴，可能取得好的效果，从而接受你的观点。

特点：运用成功的事实和统计数据说服对方，通过第三者的"嘴"来为你讲话。

要求：用事实说话。当你说一些有利于自己的事情时，对方通常会对你和你所说的话产生怀疑，或有所顾虑，这是很正常的事情，因为人们心里会有设防。但是，人们通常很少怀疑已经发生过的事实。如果你运用这些事实开展说服，往往可以消除对方的疑虑，达到说服的目的。关键是要找到对方可以信服的事实。

找事实——与你开展说服内容有可比性的事实，最好是对等的实际例子，你想说什么事情，就拿曾经的事实进行对应对比。比如，你正在申请一个职位，未来的老板正犹豫你能否胜任这个工作，你可以谈一谈你以前的老板对你的工作满意程度。比如，对方对某个产品耐用性产生疑问，你可以告诉对方"我的邻居已经用了4年了，仍然好好的。"让你的邻居为你有效地回答了这个问题，尽管你的邻居并不在旁边。比如，你正在说服一个人租用你的房子，而他对周围环境是否安静表示担心，你可以提及上一位租户对安静环境的赞赏。以上问题，你不必回答，但你过去的老板、你的邻居、你过去的租户会为你回答问题，对方将会得到比你直接回答更加深刻的印象。

### 案例1：《智用〈孟母三迁〉》

小张的儿子要上小学了，在择校的问题上，与家人发生了争执。家人认为孩子还小，应当选择一个离家近的学校。小张强调学习环境重要，应该作为第一选择，并引述了《孟母三迁》的故事。

　　孟子是战国时期的大思想家。孟子从小丧父，全靠母亲倪氏一人日夜纺纱织布，挑起生活重担。倪氏是个勤劳而有见识的妇女，她希望自己的儿子读书上进，早日成才。一次，孟母看到孟轲在跟邻居家的小孩儿打架，孟母觉得这里的环境不好，于是搬家了。

又一天，孟母看见邻居铁匠家里支着个大炉子，几个满身油污的孩子正在模仿铁匠师傅在打铁。孟轲呢，正在院子的角落里，用砖块做铁砧，用木棍做铁锤，模仿着铁匠师傅的动作，玩得正起劲呢！孟母一想，这里环境还是不好，于是又搬了家。

这次她把家搬到了荒郊野外。一天，孟子看到一溜穿着孝服的送葬队伍，哭哭啼啼地抬着棺材来到坟地，几个精壮小伙子用锄头挖出墓穴，把棺材埋了。孟轲觉得挺好玩，就模仿着他们的动作，也用树枝挖开地面，认认真真地把一根小树枝当作死人埋了下去。直到孟母找来，才把他拉回了家。

孟母第三次搬家了。这次的家隔壁是一所学堂，有个胡子花白的老师教着一群大大小小的学生。老师每天摇头晃脑地领着学生念书，那拖腔拖调的声音就像唱歌，调皮的孟轲也跟着摇头晃脑地念了起来。孟母以为儿子喜欢念书了，高兴得很，就把孟轲送去上学。

小张没有讲一番大道理，用一个小故事说服了家人。

分析：鲁迅先生说："读书人家的子弟熟悉笔墨，木匠的孩子会玩弄斧凿，兵家儿早识刀枪……"可见环境是一种无言的教育、无声的力量，对文化修养、人生感悟、人格升华，都产生了极其深远的影响。良好的人文环境对人的成长及品格的养成至关重要，人应该接近好的人、事、物，这样才能学到好东西、养成好的习惯。小张要为孩子营造一个和谐向上的学习、生活环境，对于一个家庭特别重要，因为关系孩子的发展前途。小张正是运用"孟母三迁"这个事实进行说服，与家人达成共识，达到了想要的结果。

《智用〈孟母三迁〉》

说服形式——认同。

主　　题——让家人认同《孟母三迁》与择校的情况相似。

说服对象——家人。

说服目标——选择学习环境相对好的学校。

## 案例2：《萨克斯智劝罗斯福总统》

1939年春夏之间，当爱因斯坦等知道希特勒正在着手研究核武器时，决定说服罗斯福总统，美国也应该研究核武器，从而与德国法西斯抗衡。于是，他决定写一封信，建议罗斯福总统批准着手研制原子弹。

信写好后，爱因斯坦找到了罗斯福总统的好朋友经济学家亚历山大·萨克斯，请他向总统面呈此信，并进行游说。

1939年10月，一直等了两个月的萨克斯，才有机会进入白宫，向总统面呈了爱因斯坦的这封长信，并读了科学家们关于核裂发现的备忘录。

可是，罗斯福总统却听不懂那生涩的科学论述，冷淡地对说得口干舌燥的萨克斯说："这些都很有趣，不过政府在现阶段干预此事，还为时过早。"萨克斯像遭到当头一棒，脸色顿时变得惨白。罗斯福送客时，觉得自己对好朋友的态度生硬了些，就邀请萨克斯第二天共进早餐。萨克斯的脸色才由阴转晴。

第二天早上，两位好朋友在餐桌上坐定，萨克斯刚想开口，罗斯福却把刀叉塞到他的手里说："老朋友，您又有什么绝妙的想法了？你究竟需要多少时间才能把话说完？"

萨克斯微笑地说："我不想在沉默的情况下和您共进早餐，那未必太单调了吧？"

罗斯福笑了："那么，今天不许再谈爱因斯坦的信，一句也不许谈，明白吗？""明白，我的总统先生。"萨克斯用刀叉在桌面上"笃笃笃"地轻敲了几下，"我只想讲一点历史，有趣的历史，关于法国皇帝拿破仑的一件趣事。"

"拿破仑？"罗斯福来了兴趣，"好，您说吧。"

"英法战争时期，拿破仑在海上屡战屡败。这时，一位年轻的美国发明家富尔顿建议把法国战舰的桅杆砍断，撤去风帆，装上蒸汽机，把木板换成钢板。可是对这项发明一窍不通的拿破仑却想：船没有帆就不能走，木板换成钢板就会沉没。于是，他把富尔顿轰了出去。历史学家们在评述这段历史时认为，如果当时拿破仑采纳了富尔顿的建议，19世纪的历史就得重写！"罗斯福望着萨克斯深沉的目光，沉思了几分钟，然后拿出一瓶拿破仑时代的法国白兰地，斟满了酒，把酒杯递给了萨克斯说："您胜利了！"

萨克斯顿时热泪盈眶："总统先生，您这句话揭开了美国制造原子弹历史的第一页！"

1945年7月，美国制造出的世界第一颗原子弹爆炸了。

分析：萨克斯引述了当年拿破仑海战的故事，让罗斯福总统幡然醒悟。

《萨克斯智劝罗斯福总统》

说服形式——认同。

主　　题——让罗斯福认同拿破仑当年的趣事，与研究核武器的建议相似。

说服对象——罗斯福总统。

说服目标——采纳爱因斯坦的建议。

## 案例3：《鲁迅理发的启示》

小张在公司说话喜欢居高临下，不看别人的"脸色"和感受，随意开口，因此时常与同事发生口角，自己很是心烦。一次与好友相聚，讲述了自己苦恼。好友问明情况后，讲了一个"故事"。

有一天，鲁迅走进一家理发店。理发师不认识鲁迅，只觉得他衣着简朴，心想他肯定没有什么钱，所以理发时一点儿也不认真。但是鲁迅先生不仅不生气，还在理完头发后极其随意地掏出了一大把钱给理发师。理发师十分高兴，脸上堆满了势利的笑容。过了一段时间，鲁迅又来理发了。理发师见到这位"大财神"又光临，便拿出了所有的看家本领，用上了"十八般武艺"，"精雕细琢"一番。可谓是毕恭毕敬啊！谁能料到，理好头发后，鲁迅先生又成了"吝啬"之人，掏出钱来一个一个地数给理发师，一个子儿也没有多给。理发师疑惑不解地问："先生，今天怎么就给这点儿？您上回——"鲁迅笑笑说："你上回马马虎虎地理，我就马马虎虎地给钱；这回

**你认认真真地理，我就认认真真地拿钱给你！"**

小张听了这个故事感触颇深，盘点了自己在人际交往中的问题，认识到了对人的态度的重要性。

分析：鲁迅面对不认真的理发，不仅不生气，反而多给钱。反过来，"这回你认认真真地理，我就认认真真地拿钱给你！"反而少给钱。实际上在教育对方，对待顾客要一视同仁，尊重为先。

尊重是对等的，你尊重对方，对方也会尊重你。正如泰戈尔所说："你尊重人家，人家尊重你，这是人与人之间的公平交易。"如果你不遵守交易的规则，你也不可能得到别人的尊重。理发师"看人下菜碟儿"，自己眼里"衣着简朴，心想他肯定没有什么钱"，就另眼看待，糊弄一气，不能做到人格平等，显然这种不尊重别人的行为，同样难以得到对方的尊重。

尊重他人，是人与人交往最起码的要求。小张的问题出在有不够尊重对方的地方。小张的好友用一个"事实"说明尊重人的重要性，并用事实告诉小张，如果你要让别人尊重你的话，就要懂得尊重别人。"尊重他人"是一件简单的事情，就如"鲁迅理发"一般，对人做到平等真诚就好。

《鲁迅理发的启示》

说服形式——认同。

说服主题——让小张认同《鲁迅理发的启示》与不够尊重对方的情况相似。

说服对象——小张。

说服目标——尊重对方换来尊重自己。

### 十一、类比法

通过对事物之间的关系类比分析，推理出其发展趋势，让对方看到未来和出路，做出有利于自己的选择，从而实现说服的目标。

特点：通过类比，让对方看清事物特点和全貌，从而权衡选择。类比中的"比"是比较类推。

要求：选择的事物之间既有可比性又有逻辑性。可比性，类比点应该是彼此之间存在一定的关系或联系，风马牛不相及的两件事硬凑在一起比较，结论必然荒谬。类比推理法是比较高级的说服方法，主要是因为其中掺入了逻辑推理成分。主要形式有：

一是事物类比。引用自己熟悉的同类事物进行比较，由一类事物推导出另一事物。比如，妈妈忠告孩子："今天的天色、气温和昨天差不多，昨天下雪，今天也可能下雪，出外活动小心感冒。"用昨天类比今天的天气，推导出"今天也可能下雪"，说服孩子加衣、带伞，预防感冒。

比如，说明火星上可能有生命存在：在对地球与火星比较中，发现它们都绕太阳公转，又都绕自己的轴自转，地球上有氮、氧、氢、氦四种元素，火星上也有这四种元素；地球上有大气层，火星上也有；地球上有大气压，火星上也有；地球上有水，火星上也有少量蒸汽。既然地球上有生命存在，那么火星上也应该有生命存在。

这种"以物推物"式类比，逻辑模式是这样的：A物体具有a、b、c，另有d；B物体也具有a、b、c；所以，B物体也可能有d。

说服形式是忠告、认同还是求助，一般都可以选用此法，主要根据人们的经验，用类比法推测事物发展的趋势和未来，以达到说服对方的目的。

这种经验建立在说服者以往的经验知识基础上。人类积累了许多适应生活、创造生活的经验。有了经验，便可以类比，用来说服别人。但是，这种经验大都以主观推导出现，经验可以把握时，推导是有一定意义的，如果过分强调自己的经验，有时就可能走向牵强。科学类比是建立在科学分析基础上的，其结论要比经验式类比可靠得多，应该更多据此为用。

二是自身类比。同一事物的发展过程中，作今与昔（过去和现在）的自身比较，从而推断出未来，让对方明了其发展变化过程和趋势，做出有利于自己的选择，而这个选择正是说服者确定的说服目标。

这种方法在我们生活中运用非常普遍，民间的所谓"三岁看小，七岁看老"，就是通过类比对未来产生的普遍结论。定位一个人或地区的发展，通过自身过去与现在的纵向比较，往往可以得出对未来有说服力的结论。

**案例1：《晏子使楚》**

背景：晏子身材矮小，其貌不扬，然满腹经纶、才思敏捷，尤以口才出众而著称于世。为了结交南方的楚国，共抗晋国，齐王派晏子作为使者访问楚国。此时，楚国由楚灵王执政，他目空天下，狂妄自傲，打算羞辱一下"身材矮小，其貌不扬"的晏子，于是便有了《晏子使楚》这个故事。

晏子将要出使楚国。楚王听到这个消息，对身边的侍臣说："晏婴是齐国善于辞令的人，现在他要来，我想要羞辱他，用什么办法呢？"侍臣回答说："当他来的时候，请让我们绑着一个人从大王面前走过。大王就问：他是干什么的？我们回答说：他是齐国人。大王再问：犯了什么罪？我们回答说：他犯了偷窃罪。"

晏子来到了楚国，楚王请晏子喝酒，酒喝得正高兴的时候，两名公差绑着一个人来到楚王面前。楚王问道："绑着的人是干什么的？公差回答说：是齐国人，犯了偷窃罪。"

楚王看着晏子问道："齐国人本来就善于偷东西的吗？"

晏子离开了席位回答道："我听说这样一件事：橘树生长在淮河以南的地方就是橘树，生长在淮河以北的地方就是枳树，只是叶相像罢了，果实的味道却不同。为什么会这样呢？因为水土条件不相同啊。现在这个人生长在齐国不偷东西，一到了楚国就偷东西，莫非楚国的水土使百姓喜欢偷东西吗？"

楚王笑着说："圣人是不能同他开玩笑的，我反而自取其辱了。"

分析：晏子先举实例，橘树生长在淮河以南的地方就是橘树，甘甜可口，生长在淮河以北的地方就是枳树，苦涩难当，之所以有这样的差别，是因为水土条件不同。依次推断，同样的人在不同的国家表现不同，也是因为国家的差异，以此类比推理，扬齐抑楚，回击了楚王的挑衅，维护了齐国的尊严。

《晏子使楚》
说服形式——认同。

说服主题——让楚王认同类比的逻辑推理。

说服对象——楚王。

说服目标——维护齐国的尊严。

### 十二、激将法

利用刺激性的话语或反话，鼓动对方去认识或做某事情，达到说服的目的。

特点：利用对方的自尊心和逆反心理，以"刺激"的方式，调动内在的积极因素，激起不服输情绪，将其潜能发挥出来，从而得到不同寻常的说服效果。

要求：激将得体。劝将不如激将，激将法是一种给力的说服技巧。激将作为说服中的一种有效手段，学会运用能够给说服工作带来很好的效果。什么情况下进行激将，是有效运用此法的前提。一般说来，要看清楚对象、内容、环境及条件诸因素。

一是认清对象。清楚对方情况。比如，清楚对方的年龄、性格、学识、阅历、人品等等。因为凡此种种，都与你下一步采取什么样的激励有关系。只有对号入座，"一个萝卜一个坑"，才能根据不同的情况，采取相应的激励内容和方法。

既然是利用对方自尊心和逆反心理开展激励，就要根据不同的说服对象，抓住心理变化，认真观察、悉心体会、细细揣摩对方的举动和情绪变化，通过表面看到本质，透过现象看到心理，才好抓住时机，更多地掌握对方信息，加以分析归纳提炼，有针对性地开出激励良方。

二是激将有理。激励如果能正中对方的要害，就要言之有物，说有分量的话。有分量就是理由充分，据理开展激励。突出主题，把想表达的意思放在突出位置；论述有据，表达的主题要有可靠的依据；高度提炼，话不在多在于精，所说的素材都要围绕突出主题展开；话语利索，说话口齿清晰，轻重有度，富有节奏。

三是激将有节。把握说话的环境及条件。主要看对方所处的环境及条件。环境及条件不同，激将的措施各异。有的话要当面说，有的话要私下说；有的话要激昂说，有的还要低声说；有的要多说几句，有的话尽量少说，甚至点到为止。凡此种种，都与激将的效果紧密相连，息息相关。

比如，对于一个自尊心很强的人，说话讲究环境、分清场合，当着众人说可能对方无法接受，私下里说可能更合适。有时恰恰利用人们好面子的心理，把话拿到桌面上，当着众人来说，因为对方碍于情面，可能会接受你的说服。当然，这样做要考虑可能出现的后果，尽量掌握好说话的尺度，精心设计留给对方的出口，也就是给对方可以下的"台阶"，让对方沿着你希望的方向去做。否则，就可能伤害对方的自尊心，让对方下不来台，尴尬之余，还会把事情搞砸了。可见，把握激将的时机是一个非常重要的因素。运用时要有礼有节，掌握分寸。

四是激将有度。激将不能过急，过急，欲速则不达；也不能过缓，过缓，对方无动于衷，无法激起对方的自尊心，也就达不到目的；更不能滥用，在环境不当、条件不具备的情况下强行激将，不但激将失效，还可能产生相反作用。

实际上，激将是一种高智商的技巧，你要比对方站得高，要比对方看得透，才能够及时发现对方的"破绽"，做到出击有力，一掌奏效，打动对方。

方法：对激将而言，有一些特殊的技法。

一是明激法。直截了当给对方贬低、刺痛，达到激怒效果，使之犹如冷水浇头，精神一振。例如，采用"将军"的做法："既然你有决定权，为什么不马上回答我方明确合理的要求，你还要向上级请示吗？"迫使对方正视谈判开出的条件。

二是暗激法。有意识地褒扬对方光荣的过去，通过回顾往昔的骄傲，引起对方反思，让其振奋起来。尤其是从顶峰上跌落下来的人，帮他们回顾过去。强烈的反差对比，会使其为眼前惨淡的局面而自愧，推动对方为保护自尊和荣誉感，提高信心和勇气，努力开拓新生活，创造新局面。这种方法对那些在思想上、工作上曾经有过光辉一页的人容易奏效。

三是偏激法。有意识褒扬第三者，间接贬低对方，从而激发对方奋起向上，超越第三者的决心。实际上，夸耀旁人，在客观上就等于贬低了对方，使其自尊心受到刺激。为恢复失去的心理平衡，被刺激者必然奋起，压倒自己的对立面，以此达到说服的目标。例如，《三国演义》中诸葛亮为了推行联吴抗曹的战略，到东吴游说。诸葛亮通过夸赞曹操和刘备，分析曹操与孙权的利弊形势，激将孙权痛下决心，联合刘备，以弱击强，与曹操一战。

四是导激法。激中有导，用明确或诱导性语言，激起对方兴奋，挖掘对方积极性，引导对方到你希望的方向去。这种方法，对于涉世不深、又要强好胜的青少年有一定的积极意义。

**案例1：明激法：《拿破仑激将士兵》**

直截了当给对方贬低、刺痛，达到激怒效果，使之犹如冷水浇头，精神一振。

拿破仑用兵如神，激励将士克服困难，排除艰险，奇兵制胜，是其突出特点。

一次，欧洲反法同盟军向法国本土疯狂进攻。这是一场激烈的防御战，担任防御任务的是拿破仑手下两个屡建奇功的团队。哪知，因士气低落，这两个团队溃不成军，痛失阵地。这群散乱的逃兵，个个像瘟鸡似的抬不起头来。

拿破仑不言不语，背着双手审视他们好大一会儿。他终于叫来传令兵："集合！两个团队的士兵统统集合！"

垂头丧气的士兵们惴惴不安，小心翼翼地观察拿破仑的一举一动。

拿破仑双手交叉抱于胸前，在他们面前转来转去，皮靴叩打地面的声音越来越响，震得残兵败将们心惊肉跳。拿破仑的脸色越来越阴沉，他终于悲伤、愤怒地斥责："你们不应该军心动摇！你们不应该随随便便丢掉自己的阵地！你们知道，要夺回那阵地要流多少血！"

那群士兵惭愧地低下头，拿破仑又命令身边的参谋长："参谋长阁下，请你在这两个团的军旗上写一句不吉利的话：他们不再属意大利方面军了。"

这下，全场哗然。士兵们羞愧难当，甚至有人跪下了，场上响起一片哭声："统帅，给我们一次机会吧。我们要立功赎罪，我们要雪耻！"

拿破仑神采飞扬，振臂高呼："对！早该这样了。这，才是好士兵；这，才像拿破仑手下的勇士；这，才是战无不胜的英雄！"

以后恶战一场接一场。这两团士兵异常骁勇，重创敌军，建立了功勋。

终于有一天，这两个团主动聚合起来，激动地向拿破仑齐声高喊："统帅，我们把一切污点从军旗上洗刷干净了吗？"

拿破仑似乎被这群情激昂的场面陶醉了，他激动得不能自已，竟举起了双臂高呼："嗯！嗯！你们不但洗刷了污点，还为法兰西争了荣誉。勇士们，法国人民永远记住你们！"

"嗬！嗬！嗬！"士兵们的欢叫声在激荡。

《拿破仑激将士兵》

说服形式——忠告。

说服主题——激励士兵。"夺回那阵地要流多少血"、"他们不再属意大利方面军了！"。

说服对象——士兵。

说服目标——立功赎罪以雪耻。

## 案例2：暗激法：《刘厂长巧激张科长》

有意识地褒扬对方光荣的过去，通过回顾往昔的骄傲，引起对方反思，让其振奋起来。

刘厂长听说厂子食堂办得不好，职工们都有意见。这天，他到食堂了解情况，正好碰到一些职工敲碗筷，有的还骂骂咧咧。一问，原来是对饭菜质量不满意。刘厂长看到职工的饭菜的确不行。于是，他把张科长叫到办公室，劈头就问张科长："你在部队是做什么的？"

张科长："司务长。"

刘厂长："干得如何？"

张科长："优秀炊事员、优秀司务长。"

刘厂长："我还知道你为此立过二等功，现在食堂是怎么搞的，职工不满意！"张科长低下了头。

刘厂长接着说："对不住你这个转业干部的荣誉，把工作放松到这个地步，实在不应该。"

第二天张科长变了个人似的，亲自下食堂抓工作。半个月的光景，食堂大变模样。

《刘厂长巧激张科长》

说服形式——忠告。

说服主题——激将张科长，有能力再现过去的辉煌。

说服对象——张科长。

说服目标——用心思抓工作。

**案例3：偏激法：《诸葛亮激将孙权》**

有意识褒扬第三者，间接贬低对方，从而激发对方奋起向上，超越第三者的决心。

背景：曹操大军南下，取荆州，败刘备，兵临长江，盘踞江汉，威逼孙权。刘备走投无路，急需与孙权联盟抗曹。而孙吴政权内部明显地分成主战和主降两派，相互争持，吴主孙权犹豫彷徨，举棋不定。就在这种情况下，诸葛亮奉刘备之命出使江东游说。

　　鲁肃引诸葛亮至堂上见孙权。他嘱咐诸葛亮说："见了我主，切不可言曹兵多。"诸葛亮笑道："我自见机而变，决不有误。"诸葛亮向孙权表达了刘备的问候和联合抗曹意思，偷眼看孙权，见他碧眼紫须，仪表堂堂，心中暗想：此人相貌非常，只可激，不可说。

　　献茶已毕，一番寒暄之后，孙权便切入正题，问道："足下近在新野，辅佐刘豫州与曹操决战，必深知曹军虚实。曹兵共有少？"

　　诸葛亮回答道："马步水军约有一百万。"

　　孙权："莫非诈乎？"

　　诸葛亮："非诈也。曹操在兖州已有青州军二十万，平了袁绍，又得五六十万，中原新招之兵三四十万，今又得荆州之兵二三十万，以此计之，不下一百五十万。亮以百万言之，恐惊江东之士也。"鲁肃在旁，闻言失色，一再用眼光暗示诸葛亮，诸葛亮假装不见。

　　孙权又问："曹操部下战将还有多少？"

　　诸葛亮："足智多谋之士，能征惯战之将，何止一二千人"。

　　孙权："今曹操平了荆、楚，复有远图乎？"

　　诸葛亮："即今沿江下寨，准备战船，不欲图江东，待取何地？"

　　孙权："若彼有吞并之意，战与不战，请足下为我一言。"

诸葛亮："亮有一言，只是怕将军不肯听从。"

孙权："愿闻高论。"

诸葛亮："自汉末以来，天下大乱，故将军起江东，刘豫州收众于汉南，与曹操并争天下。今曹操已除大难，统一河北，近又新破荆州，威震海内，纵有英雄，无用武之地，故刘豫州遁逃至此。愿将军量力而处之，若能以吴越之众与曹兵抗衡，不如早与之绝；若其不能，何不从众谋士之论，按兵束甲，北面而事之？"孙权还未来得及回答，诸葛亮又说："将军外托服从之名，内怀疑贰之见，事急而不断，祸至无日矣。"

孙权："诚如君言，刘豫州何不降操？"

诸葛亮："从前有田横，乃齐国之壮士，犹守义不辱，何况刘豫州乃王室之胄，英才盖世，为天下人所仰慕。刘豫州事之不济，此乃天意，又安能屈处人下也！"孙权听了诸葛亮此言，不觉勃然变色，拂衣而起，退入后堂。众人也哂笑而散。鲁肃责备诸葛亮道："先生何故出此言？幸是吾主宽宏大量，不即面责。先生之言，藐视吾主甚矣。"诸葛亮仰面笑道："何故如此不能容人也！我自有破曹之计，他不问我，我故不言。我视曹操百万之众如群蚁耳！我只要一举手，则皆为齑粉矣。"鲁肃闻言，便入后堂见孙权。

孙权怒气未息，对鲁肃说："诸葛亮欺孤太甚！"

鲁肃说："臣也以此责备诸葛亮，诸葛亮反笑主公不能容人。破曹之策，诸葛亮不肯轻言，主公何不求之？"

孙权一听，不觉转嗔为喜道："原来诸葛亮有良谋，故意用言辞激我。我一时浅见，差点误了大事。"便同鲁肃重新出堂，再请诸葛亮说话。

孙权见了诸葛亮说道："刚才冒渎威严，望勿见罪。"

诸葛亮也道歉道："亮言语冒犯，望乞恕罪。"孙权邀请诸葛亮进入后堂，置酒相待。酒过数巡之后，孙权说："曹操平生所恶者，吕布、刘表、袁绍、袁术、刘豫州与孤而已。今数雄已灭，独豫州与孤尚存。孤不能以全吴之地受制于人，吾计决矣！当今只有刘豫州能与曹操抗衡，然豫州新败之后，怎能渡过这一难关？"

诸葛亮："豫州虽新败，然关云长犹率精兵万人，刘琦领江夏战士也不下万人。曹军虽众，远来疲惫，已成强弩之末。且北方之人，不习水战，荆州士民归附曹操，乃迫于形势，非出于本心。今将军诚能与豫州协力同心，必然破曹军。曹军破，必然北还，则荆、吴之势强，必然形成三足鼎立之势。成败之机，在于今日，惟将军裁之。"孙权大喜道："先生之言，顿开茅塞。吾意已决，更无他疑，明日即商议起兵，共灭曹操！"遂令鲁肃将此意传谕文武众官员。

分析：夸赞曹操兵多将广，并且已除大难，统一河北，近又新破荆州，威震海内。夸赞刘备。从前有田横，乃齐国之壮士，犹守义不辱，何况刘豫州乃王室之胄，英才盖世，为天下人所仰慕。刘豫州事之不济，此乃天意，又安能屈处人下也！

孙权听了诸葛亮此言，不觉勃然变色，拂衣而起，退入后堂。激将成功。

分析曹操与孙权利弊形势，促使孙权痛下决心，联合刘备，以弱击强，与曹操一战。

《诸葛亮激将孙权》

说服形式——认同。

说服主题——激将孙权。曹操兵多将广，虎狼之心，"即今沿江下寨，准备船，不欲图江东，待取何地？"但刘豫州是不会投降的，"安能屈处人下也！"。

说服对象——孙权。

说服目标——结盟抗曹。

**案例4：导激法：《一名同学的演讲》**

激中有导，用明确或诱导性语言，激起对方兴奋，挖掘对方积极性，引导对方到你希望的方向去。

少年是搏击风浪的船，昂扬、潇洒，学习则是船的动力。作为新一代的我们，应抓紧时间，持之以恒，努力学习，扬帆起航。今天的我们，应放飞自己的青春，用勤劳的汗水铺就未来的成功之路。

也许我们已经输在起跑线上，但是决不能再让自己输在终点。后天的勤奋可以弥补先天的不足，珍惜现在的每一刻，努力获取知识，使自己拥有美丽的人生。每个人都有自己的梦想，相信，梦有多远，我们就能走多远。

期中考试一天天临近，我们更应学习鲁迅先生海绵挤水的精神，不怕累的精神，加倍努力，在接下来的一段时间里，进行扎实有效的复习，争取取得期中考试的全面丰收，为以后的学习奠定良好的基础，为升级考试建立我们应有的自信。

同学们，我们一起努力吧！让我们用热情拥抱未来，用青春谱写人生，用行动证明存在的价值吧！

《一名同学的演讲》

说服形式——认同。

说服主题——激将同学们，用勤劳的汗水铺就未来的成功之路。

说服对象——同学们。

说服目标——全力投入到学习中去。

## 十三、求教法

设置与说服目标一致的事情或问题，以此不断请教对方，满足对方心理要求，请对方作解答。在解答的过程中，寻求逐步贴近说服对方的目标，以达到说服的目的。

特点：有意识示弱，让对方充当你的老师角色。

要求：谦逊随和。这种方法，一般针对长辈、高职位、有学问、工作上的前辈等等，以谦和求教的态度，以虚心向学的需求，向对方求教。由于你的真诚和谦虚，对方总是乐意帮助你，在一起共同探讨解决问题和化解矛盾的方法。如果对方一旦进入状态，他就会认真考虑你的建议和想法，这时，你可以拿出已经准备的方案，顺水推舟以达到说服的目的。

一是敢于提问。不耻下问，是我们的传统美德，相反，不懂装懂让人生厌。

首先，要摒弃怕提问题的心理，你在长辈等面前虚心求教，向他们提出问题，他们从心里是愉快的，因为你的提问正是尊重对方的知识和阅历，是一种"抬举"。

其次，提问题要用尊称。叔叔、大爷、张处长、王老师、刘前辈等称呼，让对方感到你确有真诚之意。称谓不到位，达不到应有的尊敬；称谓过了头，可能让对方产生"有求于人"之嫌。

二是贴近目标。提问一定与你说服对方的目标相一致，中间没有隔阂。例如，假期同学约着小明一起学习游泳，小明十分想去，但估计妈妈不会同意，因为妈妈已经安排补习化学了。这时，小明并没有直接向妈妈提出游泳的请求，而是在妈妈高兴的时候，问妈妈游泳对锻炼身体有什么好处？妈妈是会游泳的，谈起了游泳锻炼的种种好处。妈妈谈得兴起，小明这时提出了学习游泳的想法，妈妈已经没有退路，于是答应了小明的请求。

小王是报社的新手，接到写一篇专题新闻的任务，怕写不好，不符合要求，害怕送上去被主任退回来。于是，小王请老张帮忙看看。小王没有直接说让老张帮忙把把关，而是虚心请教老张："张老师，您看确定这个主题行不行，我想按照您上次发表文章的风格去写，也不知道模仿得像不像？"老张心里很是受用，高兴地给小王看了稿子，还额外提出了不少可供参考的好意见。其实，生活中有好多成功的说服案例，都是在你的虚心请教中已经完成了"求助"。

三是善于倾听。你已经提出问题，对方的回应如何，就显得很重要，因为这关系你下一步的动作，是继续提问，如何提问，怎样提问才能够贴近自己的目标，都要快速做出判断。所以，认真倾听对方所说，要能够听出"话外音"，然后，因势利导，再接再厉，采取应对之策，达到说服的目的。

### 案例：《春居智劝齐宣王》

**背景：**齐宣王修建大宫室，修了三年还没有修成，规模之大，堂上的门就设置了三百座，朝廷没有人敢劝阻齐宣王。臣子春居劝齐王有妙招。

臣子春居向宣王说："楚王抛弃了先王的礼乐，音乐因此变得轻浮了，请问楚国算是有贤明的君主吗？"宣王说："没有贤明的君主。"春居说："所谓的贤臣数以千计，都没有人敢劝谏，请问楚国算有贤臣吗？"宣王说："没有贤臣。"春居说："如今您修建大宫室，宫室之大超过一百亩，堂上设置三百座门。凭着齐国这样的大国，修建了三年仍不能够建成。臣子们没有敢劝阻的，请问您算是有贤臣吗？"宣王说："没有贤臣。"春居说："我请您允许我离开吧！"说完就快步走出去。宣王说："春子！春子！回来！为什么这么晚才劝阻我呢？"

齐宣王赶紧召来记事的官员说："写上！我不贤德，喜欢修建大宫室。春子阻止了我。"宣王终于接受了春子的劝谏。

**分析：**春居用了求教的方法，始终在虚心求教齐宣王。首先，从贤君主的角度求教；其次，从贤臣的做法求教；再次从自己没有尽职的角度进行求教。逻辑严谨，环环相扣，使齐宣王按照设计的说服路线，进入必然的目标结果，既认识到自己的错误，又看到了春居的忠诚。

《春居智劝齐宣王》

说服形式——认同。

说服主题——让齐王认识到自己的做法与楚王的做法一样，不得人心。

说服对象——齐宣王。

说服目标——放弃大兴土木的做法。

### 十四、悬念法

围绕说服的主题设置悬念，以此打动对方，牵制对方的好奇心理，引起对悬念的高度关注，实现说服目标。

特点：悬念法是一种比较特殊的说服方法，一般用在说服一件事的开头。对方或对某件事情已经有了自己的想法，或缺乏对你所说事情的理解，或不愿再做交流，或对事情已经有了防范戒备的心理，你通过设置悬念，引起对方的注意，使其感到好奇，愿意就悬念主动与你交流，你可以借此机会进一步展开自己的说服工作。

也有在说服的过程中设置悬念的。根据说服内容的不同阶段，设置必要的悬念，增加吸引对方的力度，让其能够沿着自己说服的思路互动起来，不断深化说服的内容，更加靠近说服目标。

要求：设置的悬念足以打动对方。

一是探究心理。善于研究对方的心理活动，看到对方心里的矛盾和纠结的问题，知道对方关心什么、想干什么、需要什么；知道对方想做的事情，以及希望怎样实施、如何达到目标；知道对方前进中遇到的障碍和困难，以对症下药，设置悬念。

二是设置巧妙。一般情况下，能够做到巧妙，有两点值得注意：

首先，抓住好奇。好奇是设置悬念、启动说服的关键和难点。一般人们都具有好奇心，能够被特殊的事物所吸引，就看你能否抓住，能否引起对方的兴趣和注意。这种好奇感不仅与你想说服的内容有必然的联系，而且能够打动对方。所以，悬念设置就产生了很大的难度。既要扣题，与所说的内容息息相关，为展开说服做好铺垫，同时又要有"悬"度，引起对方的兴趣和注意。悬念设置要恰到好处，若悬念过了头，可能吓着对方，使其望而却步，感到问题棘手，不愿意面对；若悬念设置轻了，起不到引起对方重视的作用。所以掌握悬念的"火候"就显得十分重要。

其次，出语奇特。悬念贵在"悬"字，就是你的出语能够让对方的心悬起来，确实想探究其中，想知道"悬"字奥秘。一般说来，说出的话要少而精，做到高度精练，用语浓缩，提炼主题，不仅一下子点到问题的要害之处，而且能够成为进一步展开说服的基点和起点。

**案例1：《靖郭君将城薛》**

悬念用在开展说服的开头，为进一步推进说服奠定基础。

背景：一直身居要职的靖郭君田婴，积累了大量的财富，"私家富累万金"，"厚积余藏"（《史记·孟尝君列传》），这些财富都存放在其封地薛地。财富多了也未必就能让人日日开心，面对如此巨大的财富，靖郭君田婴整天为它的安全担心，为此他总在不断地想方设法，但总觉得不放心。一天终于想到一个可以让他放心的办法了，这办法就是修城墙，把薛地用城墙围起来。于是有了下面的故事。

　　靖郭君田婴准备在封地薛修筑城防工事，因为会引起齐王猜疑，不少门客去谏阻他。田婴修城决心已下，不愿见劝谏的门客。

　　有个客人请求谒见田婴，他保证说："我只说三个字就走，要是多一个字，愿意领受烹杀之刑。"田婴于是接见了他。

　　客人快步走到田婴跟前，说："海大鱼。"然后转身就走。田婴赶忙问："先生还有要说的话吧？"客人说："我可不敢拿性命当儿戏！"田婴说："不碍事，先生请讲！"客人这才回答道："你没听说过海里的大鱼吗？渔网钓对它无能为力，但一旦因为得意忘形离开了水域，那么蝼蚁也能随意摆布它。以此相比，齐国也就如同殿下的'海水'，如果你永远拥有齐国，要了薛地有什么用呢？而你如果失去了齐国，即使将薛邑的城墙筑得跟天一样高，又有什么作用呢？"田婴称赞说："对。"于是停止了筑城的事。

分析：阻谏。靖郭君田婴决定动用薛地的百姓为他修筑城墙，需要多少人力、物力，老百姓哪里经得起折腾。于是，门客都纷纷劝说其放弃修城计划。

　　靖郭君田婴一意孤行，仍然坚持，并且下令门官："凡是来做说客的，都不要给我通报，我不想见他们。"这样一来，即使有人还想劝谏，也见不到本人了。

悬念。说服靖郭君田婴难度很大，不仅要把筑薛城的危害讲透，还必须消除其心理防范戒备。这位客人首先把靖郭君田婴的注意力吸引过来，说完三个字转身就走。

这种反常的举动引起了靖郭君田婴注意，成为他心中的一个悬念，在强烈的好奇心的驱使下，迫切想解开这个悬念。由于牵制了对方的心理活动和思维，从而为展开说服开了个好头。

说理。靖郭君田婴十分想弄明白其中的缘由，于是设置的悬念发挥了作用，可以展开说理了。

这个客人用悬念法机智打动了靖郭君田婴，避免了一项劳民伤财的无益工程，同时也从国家与自己封地的关系角度教育了靖郭君田婴。

《靖郭君将城薛》

说服形式——忠告。

说服主题——融入国家。齐国就是大人的大海，如果大人尽力辅佐齐王，齐国富强了，薛地自然也富庶、安全。

说服对象——靖郭君田婴。

说服目标——放弃修城计划。

**案例2：《惠盎因势劝康王》**

悬念用在说服的过程中，加大吸引对方的力度，让其能够沿着自己说服的思路互动起来。

战国时期，宋国有一个人叫惠盎，去拜见康王的时候，康王跺脚，大声咳嗽，说："我所喜欢的是勇武有力的人，不喜欢行仁义的人，客将有什么见教？"

惠盎说："我有这样的道术：使人虽然勇猛却刺不进您的身体；虽人有力，却击不中您，大王难道无意于这种道术吗？"康王说："好！这是我想要听的。"

惠盎说："虽然刺不进您的身体，击不中您，但您还是受辱了。我有这样的道术。使人虽勇武不敢刺您，虽有力不敢击您。大王您难道无意于这种道术吗？"康王说："好！这是我想要听的。"

惠盎说："那些人虽然不敢刺、不敢击，并不是没有这样的想法呀。我有这样的道术，使人根本就没有这种想法。大王您难道无意于这种道术吗？"康王说："好！这是我所希望的。"

惠盎说："那些人虽然没有不敢刺、不敢击的想法，却还没有爱您使您有利，这行为胜过了勇武有力，居于以上四种有害行为之上了。大王您难道无意于这种道术吗？"康王说："这是我想得到的。"

惠盎回答道："孔丘、墨翟的品德就是这样。孔丘、墨翟，他们没有领土，却能像君主一样得到尊荣，他们没有官职，却能像长官一样受到尊敬。天下的男子女子没有谁不伸长脖子、抬起脚跟盼望他们，希望他们平安顺利。现在大王您是拥有万辆军车的大国君主，如果真有这样的志向，那么四方边境之内就都能够得到您的利益了，百姓对您的爱戴就远远超过孔丘、墨翟了。"康王无话再答。

惠盎走后，康王对身边的人说："很善辩啊，客人说服了我。"

分析：设槛。康王的态度明确，喜欢的是勇武有力的人，不喜欢行仁义的人。知道来者是一个舞文弄墨之人，设置门槛，放出"狠"话，"不喜欢仁义之人"，一下子把惠盎的路子堵死，请不要拿仁义之道来说事。惠盎如何展开说服工作，难度确实不小。

设悬。您不是喜欢勇武之人吗，我就从勇武说起。惠盎从"人虽勇武刺不进您的身体，人虽有力，却击不中您"——"虽然刺不进您的身体，击不中您，但您还是受辱了"——"那些人虽然不敢刺、不敢击，并不是没有这样的想法呀。"——"那些人虽然没有这样想法，却还没有爱您使您有利"，层层设置悬念，而这些都是康王急于想知道和想要得到的。悬念始终抓住康王的心，使说服工作按照惠盎设下的路径渐进深入。

结论。现在大王您是拥有万辆军车的大国君主，如果真有孔丘、墨翟这样的志向，那么四方边境之内就都能够得到您的利益了，百姓对您的爱戴就远远超过孔丘、墨翟了。最终说服康王效仿孔丘、墨翟，行仁义之道，达到了说服的目的。

《惠盎因势劝康王》

说服形式——认同。

说服主题——让康王认同自己的观点，即孔丘、墨翟的仁义品德胜过勇武有力之人。

说服对象——康王。

说服目标——效仿孔丘、墨翟，行仁义之道。

### 十五、暗示法

通过巧妙用语或行为，发出示意信息，使对方理解到用意，接受你的观点、意见，并能够付诸行动，以此达到说服目的。

特点：暗示法一般用于比较特殊的语言环境，在不易"直白"，维护对方利益，避免尴尬局面等情况下，巧妙说服对方。暗示包括直接暗示法和间接暗示法。

直接暗示法——把意图直接提供给对方。

间接暗示法——把一事物的意义间接地借其他事物表达出来。间接暗示可以用言语，也可以采用行为，成败的关键在于暗示者语言与行为的恰当与含蓄。比如，看到孩子的考试成绩单，家长眉头皱一皱，表示对成绩不满，引起孩子继续努力争取好成绩的欲望等等。

要求：注重他人的感受，使对方愿意接受你的说服，避免毫无顾忌的"直言"可能给对方带来的伤害。暗示法是人们较高修养和巧妙说服的体现。

一是尊重对方。尊重对方的感受，设身处地地为对方考虑，知道所想所做，掌握思想的变化和波动。语言设置规避对方的禁忌和不愿意触及的问题，让对方在你的语言环境中，感到应有的礼遇、舒服和自然，愿意接受你的看法、意见和建议。

二是示意友好。设置的想法和语言，完全从善意的愿望和角度出发，以动听的言辞，温和的语气，平易近人的态度，让对方体会到你的良苦用心，从而十分愿意配合你的说服。

三是信任对方。相信对方的智慧，给其充分理解的空间，以自己的能力和判断理解完成你的"暗示"用意。最好能够做到，既按照你的说服要求去做了，又能够展示对方智慧的回应能力。

### 案例1：《老舍先生的幽默》

直接暗示法——把意图直接提供给对方。

　　1937年，老舍住在冯玉祥将军家写作。一次，冯将军的二女儿在楼上跺脚取暖，正好打搅了老舍在楼下构思写作。吃饭时，老舍笑着对冯二小姐说："楼上学习什么舞呀？一定是刚从德国学来的滑稽舞吧？"老舍说这件事的时候，并没有引起其他人的注意。冯二小姐自知影响了别人，从此再也没有发生过类似事情。

　　分析：老舍先生不是直接说冯二小姐跺脚打搅自己的写作构思，而是用"楼上学习什么舞呀？"直接暗示来表达自己的想法。这种表达方式，在场的众人一笑了之，冯二小姐自己心知肚明、很容易接受。

> 《老舍先生的幽默》
>
> 说服形式——求助。
>
> 说服主题——再不要跺脚了。
>
> 说服对象——冯二小姐。
>
> 说服目标——给一个安静的环境。

## 案例2：《第六枚戒指》

间接暗示法——把一事物的意义间接地借其他事物表达出来。

美国《读者文摘》发表过一个《第六枚戒指》的故事。那是在美国经济大萧条时期，有位17岁的姑娘好不容易才找到一份在高级珠宝店当售货员的工作。

在圣诞节的前一天，店里来了一个30岁左右的贫民顾客。他衣着破旧，满脸哀愁，用一种不可企及的目光盯着那些高级首饰。

姑娘要去接电话，一不小心把碟子碰翻，六枚精美绝伦的钻石戒指落到地上。她慌忙捡起其中的五枚，但第六枚精美绝伦的钻石戒指怎么也找不着。这时，她看到那个30岁左右的男子正向门口走去，顿时意识到戒指被他拿走了。当那个男子的手将要触及门柄时，她柔声地叫道："对不起，先生！"

那男子转过身来，两眼相视无言，足有几十秒。"什么事？"男子问。他脸上的肌肉在抽搐，再次问："什么事？"

"先生，这是我头一回工作。现在找个工作很难，想必您也深有体会，是不是？"姑娘神色黯然地说。

男子久久地审视着她，终于一丝微笑浮现在他脸上。他说："是的，的确如此。但是我能肯定，你在这里会干得不错。我可以为你祝福吗？"他向前一步，把手伸给姑娘。

"谢谢您的祝福。"姑娘立刻也伸出手，两只手紧紧握在一起。姑娘用十分柔和的声音说："我也祝您好运！"

男人转过身，走出门口。姑娘目送他的身影消失在门外，转身走到柜台，把手中握着的第六枚戒指放回原处。

分析：遇到这种事情，对一般人来说，即使不大喊抓贼，也会着急而严厉地质问对方，执意追查。但姑娘并没有简单处理，而是彬彬有礼，巧用间接暗示法，"先生，这是我头一回工作。现在找个工作很难，想必您也深有体会，是不是？"说到这里言外之意已经很清楚了，借找工作不易，借助暗示"你这样做的结果——我将失去这份工作"来获得求助。既相信诚意会打动对方，促使对方非常体面地改正自己的错误，又给了对方没有露丑丢脸的时机，照顾了情面。姑娘表现得非常机智，用间接暗示法进行说服，达到了两全其美的效果。

《第六枚戒指》

说服形式——求助。

说服主题——求助对方"帮助"，体面地改正自己的错误。

说服对象——贫民顾客。

说服目标——要回戒指。

### 案例3：《晏子责烛雏》

间接暗示法——把一事物的意义间接地借其他事物表达出来。

齐景公非常喜欢捕鸟，他常常将捕获的各种各样的鸟养起来赏玩，还专门指派了一个名叫烛雏的人主管捕鸟的事。

有一天，烛雏不小心，让捕获的鸟飞走了。于是齐景公十分生气，他大发雷霆，准备杀掉烛雏。晏子知道这件事后，赶紧跑来见齐景公。他对齐景公说："烛雏犯了罪，请让我来一一列举他的罪状，然后大王按他的罪过来处死他吧。"

景公同意了晏子的请求。

于是晏子派人把烛雏叫来，当着齐景公的面历数烛雏的罪状："大王派你专门看管鸟，你却粗心大意让鸟飞掉，这是第一条罪状；你使大王因为鸟飞掉的缘故而杀人，让大王背上杀人的名声，这是第二条罪状；如果让别的诸侯王听到这件事，认为我们的大王把鸟看得比人命还重，从此坏了大王威望，这是第三条罪状。"

晏子一口气列举了烛雏三大罪状后，请齐景公处决烛雏。

齐景公在晏子斥责烛雏罪状的时候早已醒悟过来，他摆摆手说："不要杀了，不要杀了，寡人盛怒之下差点做了错事。多亏您指点。"

就这样，齐景公不但没有杀烛雏，还向他表示歉意。同时又向晏子表示感谢。

分析：晏子想救烛雏，并没有去向齐景公求情，而是听从其命令，按照杀掉烛雏的思路列举"罪状"，借此暗示这样做将会带来的弊端和后果，达到了理想的说服效果，让齐景公体体面面地纠正了自己的错误。

《晏子责烛雏》

说服形式——认同。

说服主题——因鸟飞掉的缘故而杀人是错误的。

说服对象——齐景公。

说服目标——救烛雏。

# 第四章　不同对象的说服

大千世界，可谓千人千面，说服对象的情况不同，特点各异。本章就长辈、父母、妻子、孩子、领导、下级、陌生人、固执人，这些不同说服对象进行归类，根据各类群体不同特点，探讨提炼出说服思路和方法，以便面对他们开展说服时，能够有所把握，有所启发，有所借鉴，更加具有针对性，收到理想的说服效果。


## 一、说服长辈

长辈，这里是指辈分较高的、上了年纪的人，也可以称之为尊长。

### 1. 尊敬为先

长辈已经走过较长的人生路途，见多识广，积累了丰厚的阅历和经验。俗话说"不听老人言吃亏在眼前"。尊敬他们，就是尊重他们的过去，敬慕他们的人生道路和宝贵的经验财富。

对于我们每个人来说，生命旅程只有一次，前面的路况究竟如何，其实并不清楚，亟须富有经验的长辈，及时给予点拨、指导、帮助，以探索前行。能够借鉴经验，应该是人生路途上的一个捷径。

长辈们在自己的人生道路中，大都形成了自己的个性和固定的思维定式和观点，有着自己待人外世的方式方法。与他们交谈，尤其是对一些新鲜事物的看法，可能会有不对路子的地方，这些都属正常现象。与长辈交谈，首先要抱着尊敬的态度，虚心学习他们身上的人生智慧，真心实意帮助他们，为他们解决问题。不能漫不经心，更不能持敷衍的态度。

2. 更加耐心

说服长辈，就要表现得比长辈还要有耐心往往才会奏效。长辈岁数大了，说话往往语速较缓，喜欢追忆往事、畅谈人生，遇到问题的时候，可能有一个比较慢的接受过程。这时，要耐住性子认真聆听，搞清事情的来龙去脉，再有针对性地发表自己的看法。

有些长者，他们说话往往喜欢居高临下，看不惯的地方，可能会多说几句，即使不是那么顺耳，也不要斤斤计较，给予充分理解。作为长辈，说你几句，是出于好心和爱护，想到这里，你的心情就会平静下来。在此，可以运用"认同法"，"您说得对""是的、是的"等语句，用认同的态度开展说服，鼓励引导长辈向着自己确定的目标交流下去。

有的人嫌长辈人老话多，嫌他们说话啰唆，听了个大概，就匆匆发表自己的看法，这样的说服往往难有效果。听老人说话，不要轻易打断，"听话听声，锣鼓听音"，只有听得明白，才能讲得清楚。长辈有的需求碍于面子，不好直接说出来，表达有一定的隐蔽性，这种情况下，要细细品味话中的内容，动脑筋进行取舍，知道老人真正的所想所求，然后进行说服，容易产生效果。

3. 往事开始

话语从往事开始，拉近与长辈的距离，启动话题，应该是开展说服的一个比较合适的选择。人生就好像一次长途旅行，走过的路途，所见所闻，一些"奇闻趣事"积淀珍藏在长辈的记忆里。与他们沟通，想让做什么或不做什么，说话开始最好有一些前期铺垫，说些老人喜欢听的话，为自己的说服进入主题奠定基础。

追忆过去。从长辈曾经的往事或历史谈起，尤其是一些重要的历史事件，往往容易激起兴趣。

触及感受。针对长辈的爱好和生活习惯，聊聊感兴趣的话题，或字画，或棋牌，或书籍，或歌曲，或摄影，或烹饪等，触及他们的兴趣点，促使情绪互动，调动参与谈话的主动性。

联系人物。从长辈关心和尊敬的人物谈起，可以是自己的家人亲戚，说说儿女子孙的趣事；可以是曾经的老师、同事朋友、敬佩的领导等等。

说服长辈多用"潜移默化法"，但是，也要根据说服的内容和对方实际情况择机而定，一般对于自己的父母、爷爷奶奶，或一些较为熟悉或关系好的老人，估计话题对方比较容易接受，说服就可以用"直奔主题法"，直接说出自己的想法，没有必要"绕弯子"。

### 4. 话语中肯

多说好话。好话谁都愿意听，面对长辈说好话就是"嘴甜"，叔叔、大爷、阿姨、大妈不离口，老人舒心，情感增进，距离拉近，这时提出的要求，即使稍微过了些，长辈对晚辈也会敞开胸怀，欣然听从你的建议。

实话实说。长辈见多识广，与人打了一辈子交道，什么人没有见过，什么事情没有经历过。千万不要自恃聪明，耍小心眼，"拐弯抹角"说事情，让对方有不舒服的感觉。

其实，作为晚辈，有什么就说什么，一张白纸，会给对方留下诚实单纯的好印象，反而有利于问题的解决。相信长辈经历了岁月，会把事情看得开，只要你提出的问题有合理性，有一个实实在在的好态度，凡事都容易沟通。

多多求教。长辈过的桥比你走的路还多，说服他们时，不懂就问，不要不懂装懂。可以运用"求教法"，凡是拿不准的问题，多用求教商量的口气，"您看这样对不对？""这个事情我这样做行吗？""遇到这个事情，您老人家是怎么做的？"等语句，真诚地去请教，往往你的说服工作会事半功倍。用词用语要简单明了，"大道理"少说为好，否则容易招致反感。

技法应用：直奔主题法、潜移默化法、认同法、择机法、求教法等。

## 二、说服父母

### 1.孝顺为先

百善孝为先。父母给予你生命，他们的爱发自内心，呵护无私无怨，对待他们要"孝"字当头，有了"孝"的动机，说服目标就容易与父母一致起来，沟通就有良好基础。因为你是为了他们好，父母最终会体会到"你良苦的用心"。这样，说服话题就会朝着积极的方向进行下去。

"求助"父母的时候，同样要贯穿"孝"的原则。因为父母对子女最有包容的气度，希望能够用全部力量帮助你。这时，子女所持态度往往比内容重要，成败的关键在你诚恳的态度。有了好态度，父母反而可能对"求助"的内容不是十分在意。用诚挚打动父母，比"花言巧语"给力得多。记住，对父母的要求不能高了，他们的确已经老了，精力有限，时间有限，金钱有限，不可能凡事满足你。你需要时刻问问自己，对父母的期盼和"求助"，合理不合理，是不是过分了。

孔子说，一般人所能做到的孝仅仅是能够赡养父母罢了。但是像猫狗这样的宠物尚且被人们饲养喜爱，如果对待父母没有顺从恭敬的心态，那么用什么来区分孝顺与饲养呢？如果不顺从父母的意愿做事，使他们开心，你与他们的精神层面会产生"空白"，可能导致情感危机，使"孝"难以落地。

习惯听从父母，对你一生是一个祝福。尽量顺着父母所想去做，要从学会"听话"开始，听得懂父母的真正想法。比如，父母有时说出来的是一个意思，心里面想的可能是另一个意思。很多做父母的，你问他的时候，他常常会回答"否"，其实他心里很想去做这件事，只是不愿意给你添麻烦。这个时候，要听出"话外音"，既要听懂他们说出来的话，还要听懂没有说出来的话，知道他们心里真正的想法，才知道怎样顺势而为，让他们高兴。

做到"孝、顺"的核心是报以感恩之心，时时站在父母的角度想问题做事情。守住这个原则，设身处地为父母着想，换位思考，就能够产生理想的说服效果。

与父母说事，一般多用"直奔主题法"，有话就直说，没有必要"藏着掖着"。

2. 好好说话

我们和父母毕竟是两代人，经历和阅历不同，想法和观念自然有差别，对事情的看法以及接人待物、处理事情等方面都会不一样，有"摩擦"在所难免。其实，父母对于你说的对与错，有时并不十分计较，因为你涉世未深，父母完全可以包容，相反不能原谅的正是你对他们的态度。

与父母说话首先要检点自己，感念父母的养育之恩，把"孝"体现到语言中，把"顺"融入到行为上。说话要时时刻刻考虑到父母的感受，不说大声话，不说噎人话，不说谎话，更不能说让父母伤心的话。

父母说话容易唠叨，主要是生怕有些重要的事情没有嘱咐到，说得细，说得碎，说得多，这些都是有的。对此，不要感到父母说得多余，不当回事。要体会到父母的关爱。父母言之凿凿，充满了忠告，最为无私和真诚，要耐着性子听进去。相信这里必有可取之处，因为父母是你最为亲近的人，对你最为了解。知子莫若父，知女莫如母，他们所说往往能够切中你问题的要害。只有听得进去，才好开口说话。

不能因为学历、所读的书已经超过父母，感觉自己知道得多了，对事物有了自己的看法，就给父母使性子。你确实读了一些书，有了些知识，但那都是间接知识，对于你未来的生活，如何在社会立足，为人处世，父母的实实在在的经验对你的帮助往往是有益和必要的。

想赢得更多的建议，运用"求教法"，让嘴"甜"起来，往往有特殊的功效。多用商量的口气，"妈妈，您看……行不行？""妈妈，我能做……事吗？""妈妈，您看我这样做对不对？"做妈妈的一定开心，百分百地帮助你、爱护你。

3. 择机而动

一般来说，父母的所思所想都是为了自己的孩子好，出现隔阂，往往或急于求成，或想法过高，或过于担心。这就要把父母的真实想法摸准，然后对症下药，看看采取哪些方法效果好些。

一是抓住时机。确认自己的看法或做法是对的，要尽量丰富理由，使说服充分，看父母高兴心情比较好的时候开展说服。

二是寻找时机。一时无法说服父母的时候，可以采取迂回的办法，创造条件，寻找时机，采取"择机法"，等待最有利时机再"出手"。

学校假期搞夏令营活动，薇薇特别想参加，把想法告诉妈妈，没有得到同意。眼看就要报名了，薇薇心里着急，和妈妈发了脾气。妈妈反而态度更加坚决，还说了一大堆理由。安静下来，薇薇想为什么妈妈不同意，原来是妈妈过于担心自己了。自己是独生子女，妈妈的宝贝，一个小学五年级的女孩子，从来没有离开过家，妈妈当然会担心的。

分析了妈妈的真实想法，薇薇改变了策略，以培养生活能力、自立自强为题，等妈妈心情高兴的时候，开始和妈妈谈心。通过一个国外小朋友生活如何自立的故事，活灵活现地给妈妈上了一课。使妈妈明白要成功培养孩子，就是让孩子去掉生活上的"拐棍"，尽早地离开自己，独立面对生活。薇薇拿出了早已准备好的计划，并答应每到一个地方就及时打一个电话回家，随时报告情况。通过一番有准备的说服，妈妈欣然答应了她的要求。

这里，薇薇巧妙用了"引述法"，用国外小朋友自立的故事替自己说话，"现身说法"，实际效果显现出来。

三是营造时机。有时，父母认为自己有理，一下子不能接受你的想法，也不要有怨言，因为我们做的是为了他们好，是应该做的事，问心无愧。说服父母如果报以反正他们也不听，说了也白说，以后不说了的态度，就忘记了为人子女的本分。只要是为父母着想，可以采取营造说话时机的做法，以争取理想的效果。

人们认识事物往往有个过程，父母有些事可能一时没有想明白，有异议或不接受，都属正常的事情，不要灰心丧气，尽量给父母留出思考的余地，容他们再思考思考。

如果一时接受不了，甚至表现激烈，要冷静下来，可以考虑分两次或多次说，营造说服的机会。或挑拣相对容易的事情先说，给父母一个思考"掂量"的时间，集小胜为大胜，达到最终效果。或摆出自己的观点做试探，先让父母接触一下，看看有什么想法，然后根据发现的情况，分析筹划，努力寻求彼此共同之处，化解不同之处，缩小差异，再图说服，以求达成共识。

也可以用"困难反衬法"，通过更困难的事情作反衬，让父母处在趋利避害的两难中比较，选择对自己有利的事情。

4. 借助外力

感到自己力所不及，或追求最佳效果时，借助适合给父母说话人的力量，帮助自己，往往会有意想不到的效果。因为用第三方角度权衡利弊关系，加上其"面子"，更容易打动父母。

借助同学。同学出面，多用"亲身经历法"，用自己的所作所为"现身说法"。

　　薇薇的妈妈是搞美术的，从女儿小时开始培养，希望能够继承自己的艺术理想。有一次，薇薇陪同学到少年宫参加歌咏排练，同学们的小合唱深深打动了她的心扉，带来了从来没有的美好感觉。于是，薇薇萌发了参加合唱队的想法。面试的老师认为薇薇自身的条件也不错，可是妈妈就是不同意，说学习要专一，已经学习美术了，什么都想学，什么都学不好，没有商量的余地。

　　薇薇没有灰心，搬出了自己的同学来做工作。同学讲了参加合唱的种种好处，自己如何处理学校学习和课余爱好之间的关系，还答应帮助薇薇尽快适应环境参与其中。妈妈最后想通了，认为艺术都是相通的，女儿有这段经历对学习美术未必不是好事，答应了薇薇请求。从此，家里多了欢乐的歌声。

借助朋友。人生的旅途不能没有朋友同行。你选择交往的好朋友，往往也是父母信得过的人，他们站在另外的角度帮助说服，往往会有奇特的效果。

借助长辈。你希望得到更多，甚至有些过分的要求，在父母面前不好"交代"，请出自己的长辈出面进行说服工作，而这种说服带有较多的"求情给面子"的成分，即使父母不情愿，只要没有大的原则性问题，也会做顺水人情答应你。用此法一是不能经常使用，难于屡试不爽；二是不能超出原则底线，让长辈为难。

技法应用：直奔主题法、亲身经历法、反衬法、择机法、引述法、求教法等。


### 三、说服妻子

1. 理解为先

妻子虽然与你没有一点血缘关系，却是你最为亲近的人，是你朝夕为伴、牵肠挂肚的人。妻子对你的信任，建立在你对她理解的基础之上。不断呵护培育这个基础，说服才能"发力"。否则，夫妻之间"磕磕绊绊"，正常对话都不顺当，开展说服就会变得更加困难。

身为妻子不容易。在外要忙工作，回到家大部分时间忙家务，洗衣做饭搞卫生等等。天天在忙，日日如此，一干就是多少年。有了孩子，照顾孩子的事情也是她们做得多。常常表现身心疲惫，身体累心理累，发点小脾气，说点"不中听"的话都是有的，应该理解。这时，你首先充当"消防员""灭火队"的角色，先灭火、降温，让妻子冷静下来，然后再开展说服。这时，妻子往往会在自己的身上找原因，反省自己引发的争吵，回归原来的状态。

2. 关心出发

说服妻子从关心的愿望出发，为其感受和利益着想，把关心的愿望变为实际行动，说服会变得容易。

小刘看上了一款汽车，实在是喜欢，想买到手，为此寝食难安。妻子不赞成，认为有钱还是存到银行心里踏实，如果要买车，存款没有了，还要还贷款，经济上有压力。

小刘给妻子算了笔账，妻子每天上班乘地铁、挤公交，需要提前1个小时出门，一年就占用264个小时；妻子平时喜欢旅游，一年出外旅游费和上下班交通费也非常可观。如果有一辆自己的车，每天就可以节约一半时间，一年多出132个小时，早晨妻子可以留出半小时学习英语的时间，再不用每天晚上抽出时间专门学习英语了。周六、周天和假期的旅游活动可以更方便。人生短暂，等待钱存得够买车了，我们也有些岁数了。再说钱是人挣的，钱是为人服务的，有了贷款，有了压力也产生动力，自己工作会更加努力。这一番话说得妻子动了心。

小刘从关心妻子的角度出发，在节省时间、方便旅游、上下班方面，将"买车"和"不买车"之间进行比较，得出了自己希望选择的结论，以此说服妻子，产生了理想的效果。

3. 态度温柔

妻子是与你生活同行，一起分担感情问题的人。家里，大事讲讲原则，小事"睁一眼闭一眼"。俗话说，"家事没有是非""清官难断家务事"，有些事情无所谓是对还是错。

其实，你想做的一些事情，有些有合理性，有一些也未必合理。在说服妻子时，只要有一个好的态度，妻子往往不会在意你做了什么，或怎么去做，恰恰计较的是你对她的态度。你的态度好，面对你的说服工作，妻子可能甘心为你做些事情；你的态度不好，可能有理的事情也行不通。所以，说服妻子要"哄着来"，首先把态度放端正，态度好结果可能就会好。

比如，妻子学习做菜，开始可能不好吃，味道咸了淡了，口感不好。做得好，你就多吃些，做得不好，你就少吃些，或象征性地吃些，以实际行动给予鼓励。就是"挑毛病"，也要拿出好话，好好地说，没有什么"大不了"的事情，顶多开个玩笑了事。不要以为妻子做错了什么，或挑三拣四、不顾情面指责一通，或大男子主义、讽刺攻击。妻子辛辛苦苦忙了半天，你使出这种态度，人家当然不会接受，导致"说而难服"。

### 4. 善于沟通

要细细体会妻子的良苦用心。有时妻子着急、话说重了些，甚至有些误解，不做计较。要感受到是为了你好、为了这个家，把态度放平和，主动给敏感话题"降温"，用"认同法"，尊重对方的感受。凡事都好商量，鸡毛蒜皮的小事情不要斤斤计较，寻求共同的认知。如果一时说服不了妻子，也可以先冷一冷、放一放，索性让大家都冷静下来，再想想，再图下一步的共识。

尤其是面对家里发生的一些大事，要真诚地面对妻子，用"择机法"，寻找恰当时机，说清事情的来龙去脉，和妻子共同商量解决问题的方案，和衷共济，共同面对困难，共同承担困难，共同克服困难。不要掖着藏着瞒着对方，这样妻子可能会怀疑你对她的信任，而不愿意与你合作。更不要不顾对方的感受，像演戏一样，编排出"瞎话"来，骗取对方的信任，这样做难于屡试不爽，事情总有败露的一天。同时，自己将会承受着心理"自责"的压力。

　　多用"认同法"。生活中磕磕绊绊的事情不少，有误会，也多是正常的，关键是不能一直不当回事，任其发展，如果时间长、积累问题多了，就有质变的可能。所以，要注意及时修补，防止产生"过节""死结"。


　　　　小刘父母家在农村，生活条件不太好，过些日子他就背着妻子给老家寄点钱。小刘刚结婚不久，自己小家庭用钱的地方也不少，所以怕给妻子说这件事。妻子发现银行卡上的钱并没有买东西却缺少了，经过观察，断定是丈夫用了。妻子大度，并没有盘问小刘，更没有向小刘发火。倒是小刘感到长期这样肯定不是个事，于是，在妻子高兴的时候，把事情原原本本告诉了妻子，并说出了子女孝敬赡养父母，双方老人有困难都要想办法帮助的道理。妻子痛快地答应定时给老人寄钱，并提出随着收入增加再多寄些，还责怪小刘，有事不怕，说开，好商量。小刘对妻子心存感激，为自己的小家更加努力地工作了。


## 5. 就事论事

　　一是就事论事，不翻旧账。居家过日子，家庭琐事非常具体，哪件事情都需要与妻子共同面对和担当，处理不好，都可能引起摩擦。说服妻子，发生了什么事情，就针对什么事情，过去的事情就让它过去。因为结婚过日子，开始面对新的生活，双方都缺乏经验，很多事情都是第一次遇到，就是日子过长了，也会有"筷子碰碗"的时候，不断出现的新问题需要及时处理。

有时生活中，妻子事情做得不好，甚至做错了，不是什么大的原则问题，不好就不好了，做错就做错了，就让这一页翻过去。想把每件事情摆平、处理妥帖，那是难为妻子。得理也要让人，贵在尊重包容，不要"小男人"，说眼前的事情，又把过去的旧账拿出来"晒晒"，拿出所谓"亲身经历法"说事，这样很可能让说服变成争吵，即便你说的对、有道理，妻子也会因为你的"小心眼"不予接受。

二是就事论事，不做埋怨。埋怨是居家过日子的大忌，非但不解决任何问题，还会把事情推向糟糕的地步。因为，埋怨的事情往往都已经发生，你来个"马后炮"，或"事后诸葛亮"，无非想说明你事前高明，"高瞻远瞩"，但是事情已经发生了，再提及"要是……""如果……"，与解决眼前的问题"于事无补"，没有实际意义，只能添乱。做说服工作，要把埋怨降到最低点，如果提及，也最好从帮助妻子总结经验的角度，相信对方的智慧，用"点到为止法"，以达到"提示""点拨"的目的，把眼前的事情解决就可以了。切忌没完没了拿"埋怨"给妻子"上课"。

技法应用：认同法、择机法、亲身经历法、引述法、类比法等。


## 四、说服孩子

### 1. 包容为先

孩子是成长的小树，立足未稳，步履蹒跚，可能摔跤，可能止步，作为过来的我们，请时时记住，孩子是一张白纸，天真无邪，要真诚面对，尽可能包容。孩子就是孩子，不可能如同"大人"一般要求。面对孩子，包容应该成为开展说服的出发点，成为说服坚守的原则。

孩子面对一个陌生的世界，充满好奇。要更多地站在他们的角度看待事物、接受事物。面对他们的行为，包容一点，再包容一点。绝不能有戏弄或欺骗他们的心思和做法。

## 2. 善用合作

合作是与孩子沟通的一个重要条件。

一是不要争辩。如果孩子好争辩，你要试着回避，争取做到争辩中最后说话的人。

二是走进内心。多对话，多沟通，多发现，是了解孩子内心世界的一个有效方法。与孩子对话时，往往要找话题，同时说话简明扼要，做到互相对答。比如明明看见孩子在玩小飞机，可以问他"你在干什么？"诱导孩子和你对话。

如果孩子有叛逆现象，试着猜测一下背后的原因，用"认同法"，达成共识。比如问孩子："你生气是不是因为我管你管得太多了？"通常可以猜到是什么原因让孩子开始叛逆。如果猜得正确，孩子会觉得获得了认同和理解；如果猜得不对，可以再试一试。站在孩子的角度，反省自己，是否说得过多，是不是老在下命令，是否唠叨和责备孩子？

三是示好尊重。将孩子看成是一个真正的人，向孩子透露你的需要、弱点、幻想和情绪。让孩子了解你的内心世界，你会发现孩子的同情、善良一面。

如果你喜欢和孩子谈话，孩子也会喜欢和你谈话，孩子非常希望有人会真诚地关心他们，并对他们的生活感兴趣。在谈话中，你也会发现童心世界里的小秘密。

要和孩子说话而不是训话，因此要保持友好、愉快、尊重的声调和语气。如："该睡觉了"和"怎么还不睡觉"，这两句话的意思一样，但语气不同，相信孩子更喜欢第一句话。

跟孩子说话应活泼、精力充沛、轻松愉快。不能表现出不耐烦的态度。

对孩子的问话要给予诚恳的、直截了当的回答。如孩子问你："爸爸，你去哪？"告诉孩子："我去上班。"而不是说："你别管。"

不要按自己的意志控制话题，而是应该谈孩子感兴趣的事。如：孩子听着小白兔的故事，却突然打断你，说起了小花猫，那就由他去吧！你也和他说小花猫。

找个双方都有心情谈话，同时你能专心注意孩子的时间。孩子不喜欢妈妈总是一边手里忙着洗衣、做饭，一边和他说话。因此，如果可能，你每天要抽出一点时间，专门来和"小大人"谈话，孩子会很高兴。

父母要尊重孩子的不同意见，不要用提高嗓音的方式让孩子服从自己的观点。正确的方法是把可能的争辩，变为有益的讨论。如果父母意识到自己的意见有问题，就要做解释；错了，要敢于认错，充分肯定孩子的意见。

及时了解掌握孩子的个性，多点细心和耐心，多点关怀和温情，多点观察和思索；少点简单和粗暴，少点命令和指责，主动和孩子沟通合作，做他们的好朋友，你会感到说服是一件很有趣和愉快的事情。

四是善用选择。任何时候只要有可能，尽量给孩子多一些选择。比如应用"认同法"，多问孩子一些类似这样的问题："你觉得……""这样怎么样……""你想……还是……"，试着问孩子需要什么，而不是告诉他去做什么或不做什么。这种有启发式的选择提问，会鼓励孩子去思考，认同你的想法，用自己的力量解决问题，而不是一味地服从。

妈妈想叫孩子关上电视，去做功课，与其大吼："快把电视关了，去做功课！"不如说："乖，你是要先吃饭，还是要先做功课？"这么一来，不论孩子做任何选择，都可达到让他离开电视的目的。

孩子想看恐怖片，而你希望一家人开开心心地看喜剧片。这时若直接说："宝贝，我们别看吓人的电影，看周星驰的搞笑片好不好？"就容易凸显你和他意见上的矛盾，答案会是"不要，我就要按我的意思做"。若换选择的说法，就会好得多："宝贝，你是想吃饭前看《孙悟空大闹天宫》，还是饭后看呢？"用选择题代替你的要求，孩子不论做出哪个选择，都能与你达成共识。

想要孩子练习新的手风琴曲目，普通的说法：你可不可以尽快练好它？更好的说法：为了把这个曲子练好，你希望是今晚多练一些，还是明晚呢？

希望孩子去公园玩。普通的说法：宝贝，我们去公园玩好不好？更好的说法：宝贝，你看我们今天还是明天去公园玩呢？

说服中，让孩子选择并且做出决定：首先，有利于调动孩子的能动性，让孩子参与其中，成为活动的主体，根据自己意愿选择结果，调动参与的兴趣，这要比被动服从好得多。其次，有利于培养孩子独立思考的能力，经常让孩子做选择做决定，"我的事情我做主"，能锻炼孩子的判断能力。

五是参与其中。在制订有关家庭的任何计划或解决问题时，尽可能让孩子参与进来，告诉他："我们需要你的帮助""感谢你给我的任何帮助"。这样能够激发孩子的合作精神，因为请孩子参与，就意味着激励、鼓励、信任，不论孩子在哪一点上有所理解，都会表现出参与的积极性和热情。这是说服孩子一个十分有效的方法。

3. 善用类比

有针对性地通过形象类比说服孩子。

　　孩子要求妈妈购买老师规定的英语练习本。妈妈跑遍了附近的大小商场，没有找到相同的样式，只得购买不同封面的英语练习本。当孩子看了妈妈购买的练习本后，立即吵闹了起来，甚至直掉眼泪。爸爸欲再出去奔波寻找，被妈妈阻挡住。妈妈问孩子："这两个本子里面内容是一样的吗？""是，但是封面不一样。""你昨天穿什么衣服去学校报到的？""我穿的白色T恤。""今天穿的什么呢？""今天穿的红色T恤。""你昨天穿白颜色T恤时叫兵兵，今天换红色T恤后就不叫兵兵了吗？这两种本子虽然封面不一样，但里面都是一样的，难道换了皮就不是英语练习本了吗？"一席话，说得孩子心服口服，高高兴兴地拿着本子去上学了。

　　妈妈带4岁的女儿去公园放风筝，玩一个多小时后，妈妈要收回风筝，女儿不让收，还大哭起来。妈妈认真地告诉她："你要回家休息了，风筝在天上飞了很久，它很累，要不要回家休息啊？"女儿乖乖地听话并帮助妈妈把风筝收起来。

　　孩子总是将小熊扔到地上，妈妈说"你再扔小熊，小熊该生气了。"孩子赶紧抱起小熊。

以上，妈妈用"类比法"进行说服，均收到比较理想的效果。

4. 善用赏识

每个孩子都有优点，而且对自己的优点有点自负，希望得到父母的赏识。那么，如果我们能够抓住这个特点，及时巧妙地夸赞孩子，就可以使其愉快地接受说服。

小明的手比较灵巧，会组装不少的玩具。有一次，小明和父母一起到外婆家玩，见到表弟的遥控汽车爱不释手，闹得表弟哭哭啼啼向小明父母告状。小明的妈妈把小明拉到身边，对小明说："我家小明最会玩玩具了，你去当表弟的老师，教表弟玩玩具，好吗？"小明愉快地当起了"老师"，就再也不好意思跟表弟抢玩具了。

孩子一些异于常人的行为，不能用成人的眼光来看待它，认为"幼稚可笑"，应发自内心地赞美孩子："你真行！爸爸小时候可不如你。"随着孩子的成长，我们对孩子的表扬鼓励多于批评，孩子各方面的进步会越来越快，与家长的关系也会越来越密切。如果一个家长，在孩子成长的道路上，只是一味地批评、指责，甚至是恶狠狠地斥责，孩子的自尊心必定在你的斥责声中渐渐地丧失殆尽。

5.善用激励

平时，有些调皮的孩子，常常难以听进父母的劝导，潜意识中总有个"不"字。但如果家长学会应用"激励法"，设法引导孩子，就能够较好地促使他们认识自己。

3岁半的儿子一直不肯自己吃饭，老是让大人喂，不喂他就哭闹不止。妈妈在喂饭时，就和爸爸聊天，说："楼上的亮亮好能干呀，我去亮亮家看到他自己在吃饭呢，用勺子吃得很快呀！"儿子猛然把妈妈手中的碗夺下，说："我也会用勺子！"以后就坚持自己吃，并很快地学会使用勺子。

四年级的萌萌虽然成绩还不错，但是很调皮，有时会忘记做家庭作业。妈妈对萌萌说："今天我下班回来你还没有完成作业，但明天我这个时候下班回来，我想你一定已经完成了作业。妈妈相信你。"第二天放学后，萌萌果然先完成了作业再玩，见到妈妈回来，很得意地拿出了做好的家庭作业。妈妈欣慰地笑了。

生活中，如果对孩子多些鼓励，那么孩子就会学到积极的人生态度；如果你遇事总是抱怨和责怪，那么孩子就会遭受挫折和打击。孩子积极的心态是经过很多小事才养成的，所以父母一定要从日常生活中的小事做起，及时给予鼓励，激励孩子敢于面对问题，树立克服困难的信心和勇气，这样，孩子将来面对大的挫折和失败时，才有能力去应对。

法国电影《出租车4》有一个情节，男主角——出租车司机达尼埃尔观看儿子的足球比赛，儿子上场时，他跪在草坪上，拍着儿子的肩膀说："宝贝，我希望你今天能坚持3分钟不被红牌罚下，行吗？"可是比赛进行了一小会儿，儿子就因犯规被红牌罚下场。儿子抱怨同伴，也抱怨裁判的红牌发得太随意。看到儿子沮丧的样子，达尼埃尔则语气轻松地说："啊哈，坚持了4分30秒，这是你的最高纪录！"即便是犯错，达尼埃尔也在发现儿子的进步，及时给予肯定。

如果面对孩子比赛刚开始就被红牌罚下的情况，忍无可忍了，气不打一处来，然后，严厉地责怪孩子："怎么又犯规了？你就不能小心点！"孩子一定会因此更加沮丧，会痛恨自己，或者抱怨别人。

孩子非常专心地玩新买的机器人，因为用力太大一下子将机器人的胳膊掰掉了。机器人是要了很久才得到的，孩子心疼得不得了，带着哭腔说："我的机器人胳膊掉了！"妈妈没有数落他，换了一种语气说："没关系啊，这样你的机器人就可以当独臂侠了！"妈妈拿着那只掉下来的胳膊塞到机器人另一只手里，说："瞧，这还可以是一件新武器呢！嘿–嘿–哈–哈！"孩子也跟着笑了起来。

6. 想好了说

与孩子对话轻视不得，尤其是大些的孩子。孩子大了想法就多了，有了自己的看法和主意。这时，家长说话就不能太随意。一忌"鸡毛蒜皮"，见事情就发表意见；二忌"絮絮叨叨"，一件事情反复说；三忌说不到点子上还要说。

与孩子说话，是树立家长威信、显示水平的时候，一定要想好了再说。否则，一次、两次，长时间下去，说话的"分量"会越来越轻。

"想好"的前提是看得准，能够准确发现孩子身上的优点、问题或未来趋势。然后，要反复琢磨怎么说好，怎么说才有利于接受？怎么说才有效果、不会产生副作用？同时还要看准谈话的时机。重要的谈话要确定说服主题和说服目标，甚至准备谈话提纲。帮助孩子出主意也应如此。

"斯人不言，言必有中"，"想得"越是充分，说得越易产生效果，孩子越愿意接近你，成为"听话"的孩子。

技法应用：直奔主题法、亲身经历法、认同法、择机法、激将法、打比方法等。

**五、说服领导**

1. 尊重为先

真诚尊重，虚心求教是说服领导的前提。尊重，是尊重领导的为人处世的能力。从尊重的态度出发，设身处地为领导着想，并施予帮助，使其能理解到你的善意，争取在思想感情上相互靠拢，说服就会变得更易于被接受。

以求教的方法面对领导，是实现尊重的重要途径，多用"求教法"，更容易达到说服目标。一般情况下，挑剔、教训、指正都不太适合，也不宜企图太直白、讲大道理，最好以求救的态度，多陈述事实材料和自己的看法，让事实出来说话，拿出令人信服的确凿事实，让领导据此做出判断，或改变原有看法。切忌自恃高明，"指手画脚"。

### 2. 有备而来

通常情况下，领导欣赏准备充分、工作细心、做事井然有序的下属。同样，说服领导的时候，他们也希望看到一位有备而来的你，这样沟通能够尽快进入实质性阶段，及时发现问题解决问题。所以，说服领导要做好准备工作，最好针对内容，拿出一套完整可行的说服方案。

方案要做到脉络清晰、分析透彻、措施有力、效果明显，详尽完整地把握事态和相应数据，力求分析合情合理、数据准确无误，解决问题有力有节，避免出现含糊不清或想当然现象。同时，尽可能提出一套或几套解决问题的意见和建议，供领导参考。这样表明你对问题非常认真，已经深思熟虑，增加领导的信任。

面对领导可能提出的一些"问题"，要有预判和预案，以备说服时及时应对。一旦领导提出问题，要抱着解决问题的目的，调整好心态，拿出勇气和责任与领导交流沟通，适时提出自己的想法，合理巧妙应对。因为这既反映了处事的能力，又表现了对工作尽职尽责、兢兢业业的态度。精明的领导对此是求之不得的，即使眼前可能有些看法，事后也会对你重新认识。

说服领导，时间把控很重要。无论是汇报工作还是交流意见，都要有时间概念。"拉拉杂杂"拖延时间，领导就会产生看法，或认为你准备不够充分，或认为抓不住重点，或认为条理不清晰等等，更有甚者质疑你的工作态度和能力。一般书面汇报时间20至40分钟，口头汇报交流不要超过10分钟。

项目介绍、工作汇报要有来龙去脉，突出重点，干净利落，让领导清晰全貌，把握关键和重点。

设计方案，应充分尊重事实，通过详细的材料和数据，分析问题的原因和可能导致的后果，然后从中拿出各种解决措施，取得领导的认可。

3. 方法得当

面对领导，要敢于接触，抓住机会展示自己的聪明才智，但一定要讲究方法。

一是拿不准的事情不要轻易发表意见。拿不准的事情或数据，最好不要说。如果非要说，可以给领导做些解释，"这个数字我记得大体上是这样，如果领导需要，我可以回去查查，确认一下，再告诉您"。这样，虽然有点疏漏，数字没有记得清楚，但起码有一个认真严谨的态度。切忌把事情或数字人为"放大"，给领导留下"靠不住"或"吹牛"的印象，这可能直接影响对你的信任。

二是点到为止。一般情况下，看到领导有缺点或存在问题，最好用"点到为止法"。没有必要把事情说得很细，更不能以"教育"的口气，要相信领导的智慧，维护领导的自尊，"点到"达到"提示"的目的就可以了。

三是巧妙应对。诚恳和坚定的态度有助于说服对方，但切不可轻易和领导展开辩论，对方可能理屈词穷，你自视高明，其实结果已经失败。因为领导自尊心会受到挑战，可能会产生敌意，从而变得对立、固执，变得说而难服。

确实认为理在自己，一时又难于做领导的工作，不妨采用先抛出"问题"，让其有个思考和"掂量"的过程，然后再图迂回深入，这不失为一条可取的路子。

若工作上与领导认识有分歧，应该及时提出自己的想法和建议，如果领导不接受，并且已经做出决定，在保留自己意见的情况下，坚决执行，并在工作中不断修正自己的方案，适应领导意图，尽最大努力完成工作任务。但事后，一定要认真反思自己所提方案，总结与领导认识上的差距，找出自己的不足，以求提高。这样，对自己的进步很有裨益。

四是巧用"求教法"。主动请求领导进入你的工作领域，并参与其中，通过"求教"领导帮助，达到说服目的。

事先准备好说服的备用方案，然后去找领导帮助，使其成为自己工作的"参与者"。由于你的真诚和谦虚，领导常常乐意帮助你，共同探讨解决问题和化解矛盾的办法。领导一旦进入状态，你可以拿出已经准备好的方案，"顺水推舟"地施展说服，这时领导会认真考虑你的想法和建议。

### 4. 抓住时机

领导面对的不仅仅是你一个人，也不是你所说的一件事情，而是面对不同的下属，需要处理解决不同的事情和问题，要争取到说服的机会，往往不是一件容易的事情。运用"择机法"，选择恰当的时机，有效阐述自己的想法或观点，是开展说服的一个要点。

一是抓住说话时机。因人而异，因心境和情绪而论，领导状态不一样，认可接受程度不一样，领导状态好的时候进行说服，往往会产生比较好的效果。要善于把握领导心境愉悦、情绪最佳的时机进行说服。一般，取得好成绩，受到肯定，遇到升迁等好事，或者家里有顺心事时，领导容易听进不同意见，容易笑纳和认同。相反，受到问题困扰，心境低落，急于寻找出路，摆脱困境，这种心理状态下，说服也是一个好时机，正在纠结中的领导一般会认真考虑你的意见和建议，但进言要慎重。

二是抓住表达时机。有了说话的机会，又有了完备的说服方案，就要全力抓好眼前表达的时机，在有限的时间里，振奋精神、集中精力把话说好。把所有的前期准备工作落实到主题突出、目标明确、语言"攒劲"上，把话说清楚，把事说清楚，给领导一个清晰思路，不失时机，完成一次有效的说服。"茶壶煮饺子，有话说不出"，就会失去"临门一脚"的大好时机。

三是抓住展示时机。接触领导时机难得，有了说话的机会，要把能力和风采展示出来。

在你的说服方案中，分析判断和意见建议，是对知识的运用和事物的把握，反映了自己的观点和看法，往往有"创新点"，更加容易展现个人的处事能力，是"出彩"的地方，说服要在这两个方向努力。

技法应用：亲身经历法、点到为止法、引述法、认同法、求教法、择机法等。

### 六、说服下级

1. 信任为先

信任是一种高尚的情感，更是一种连接人与人之间的纽带。信任是相互沟通、展开说服的前提和基础，对于下级尤其如此。

作为领导要明白，工作是靠人干出来的。"士为知己者死。""上司把我当人，我把自己当牛；上司把我当牛，我把自己当人！"只有下级的积极勤奋工作，把工作落实到位，才能收获成绩。研究方案、布置工作、落实措施、解决问题，都要面对下级，没有信任，说服难以开展。对待下级，信任就是为他们的事业前途着想。

一是提供事业发展平台。即：创造良好的工作环境，让下级有一个发挥作用、展示才华的用武之地。

在实际工作中，经常可以听到："再苦再累也不怕，只希望得到上司信任，有一个能够真正发挥作用的地方。"为下级创造良好的工作环境，就是对下级能力和作用的尊重。作为领导，有责任让下级认识到自身的工作价值，并充分调动他们的积极性、发挥潜能。从这个意义上讲，你提供的工作平台就是一种动力，让工作和个人进步互为促进。工作的过程，就是个人进步的过程；反之，个人进步的过程，也是工作的过程，使推动工作和促进下级成长融为一体，相得益彰。对此，说服就有了实实在在的方向、内容和目标。

二是充分信任委以重任。对于工作踏实、能吃苦能坚守的，要放到重要岗位，充分授权，给他们提供发挥积极性和作用的机会；对于在实践中显露才华并取得成绩的，重点培养，敢于起用，提供更多锻炼成长的机会，让他们成为行家里手，担当大任。信心不足时，应给予及时鼓励；出现一些偏差甚至失误时，主动承担，不揽功推过。

三是把信任写在脸上。开展说服，板着脸、皱着眉，容易引起对方反感，可能让下级产生不信任的猜忌，影响说服工作效果。工作中，适当点缀点俏皮话、笑话、歇后语，加点使用得当的说服"佐料"，往往会让对方有亲切感、信任感，说服效果更加理想。

如果信任没有实实在在的行动，说服会陷入空洞，很难取得效果。

2. 关心入手

对下级的信任，需要用关心来"培育和维护"。

关心下级，就是"以人为本"，随时随地设身处地为下级着想，多交流多沟通，在思想、工作和生活上多观察细了解，与他们保持良好的工作和感情联系。

要把关心体现在具体的工作之中。开展说服从工作出发，从对方切身利益着想。真心实意，没有其他企图，不抱个人目的，了解下级的真实想法。针对发现的问题，推心置腹，分析利弊，晓之以理，动之以情，让下级始终走在正确轨道上。

"只见工作不见人"是本末倒置，容易伤害对方的自尊，造成反感逆反，下级很难心悦诚服地接受你的说服。

### 3. 细致入微

说服是做人的工作，人有思想，思想又是动态变化的，有些看法、想法、做法，非一日形成，能够把握好，难度非同一般。

一是用心要细。多听、多看、多想，把下级的想法、做法和问题看得清清楚楚，反复研究，分析掂量，深思熟虑后，再做出判断。

不要认为你们不过是我的下级，不做准备，不当回事，草草了事。这样，说服往往会陷入被动，难以做到"说"了让对方"服气"，真心接受。当时，可能由于你的地位，下级不好说什么，甚至还大加赞赏，说了使你高兴的话，看起来效果不错，但可能只是表面现象。因此，作为上级应尽量避免这种情况发生，因为，人们思想及心理若形成"成见"，往往会根深蒂固。

二是让人说话。当下级表达意见时，要让对方表达，即使看法不一致，还可能过激，都要礼让三分，切忌用权势压人。高明的领导对此不做计较，相反，总是尽可能地让下级有申诉的机会，不把自己的想法强加给对方，而是巧妙耐心做工作，通过启发面对"问题"，用事实"表白"自己，用时间证明自己。以宽容赢得尊敬，让对方打心底里佩服你的度量，成为工作上的好搭档。

如果双方意见很难统一，率先反省自己在考虑问题上是否有欠妥之处；如果确信自己意见是正确的，毫不犹豫地行使权力，但事后，最好找机会谈心交流，让对方明白其中的道理。

三是留有余地。如果遇到说而不服，被"顶撞"的时候，不要生下级的气，不要生自己的气，更不能泄气，都是为了工作。首先，要想办法使自己和对方冷静下来，缓解事态，把事情"凉一凉"，再图解决。对此，阐述观点的时候，可以给对方预留思考空间，允许仅限考虑，不需表态，再想想再看看，争取深化认识，达成共识，推动问题解决。也可以借助外力，找口才好的同事帮助说服，或召开小型座谈会，开展交谈，让大家帮助分析，展开说服。

### 4. 换位思考

人海茫茫，大路各方。上下级走到一起，朝夕相处是缘分。关爱互助、分担忧愁、推进工作，需要相互理解，而换位思考是相互理解的一把"钥匙"。

许多说服工作，并不是领导没把道理讲清讲透，往往是站在自己的角度和立场考虑问题，结果难如人意。如果换个角度，站在对方的位置上"前后左右"看看，再回到领导的位子上，掂量话应该怎么说，事应该怎么做，也许对方不会"不服"。

说话也好布置工作也好，换位思考就是更多地站在下级的角度思考问题，根据工作难易程度，设身处地考虑下级的工作开展和实际感受，体谅他们完成任务的艰难和苦衷，让说服贴近他们的实际。部署工作简明扼要、清晰易懂、便于操作，富有针对性、更有人情味，让下级知其然，知其所以然，工作中少打"麻烦"。

如果领导与下级发生看法、意见分歧，同样要换位思考。站在下级的角度，看看是不是有道理。因为工作过程中，会有许多意想不到的"变数"，问问自己是不是看清楚了，看得准确不准确。要避开可能的冲突，运用"暗示法"或"点到为止法"，也可以单独面谈，给对方"台阶"，让其顺着你给的"台阶"走出来，从"自我矛盾"中解放出来，体面地保全"脸面"和自尊心，切忌当众"训斥"下级。为此，对方会心存感激。

### 5. 现身说法

一味的说教，极容易引起对方厌烦，削弱说服效果，如果运用"亲身经历法"，恰当使用生动例子，可以拉近与对方的距离。因为你的亲身经历，具有吸引力，产生亲切感，下级会感兴趣。

用"亲身经历"说话，就是用自己亲身经历的事实说话，举一反三，引导启发对方。精明的领导说自己亲身经历时，善于运用成功与失败案例。借鉴成功，具有教导指导的功效；借鉴失败，有警示汲取的作用。对于年轻的下级来说，人生的经历、工作的方法，借鉴就意味着"财富"。

用"亲身经历"说话，最好有可比性，不能高不可及，有"炫耀"之嫌，容易让下级产生自卑感，甚至对失败产生过度的恐惧，情绪低落。

技法应用：亲身经历法、反衬法、点到为止法、激将法、类比法和暗示法等。


## 七、说服陌生人

### 1. 接纳为先

陌生人是我们没有接触过、不熟悉的人。说服这样的人，有相当的难度。因为陌生，对其不了解、缺乏认识，以致说服主题和目标无法确定，缺乏展开说服的前提。所以，接纳对方"进来"，进入自己需要说服的领域，成为开展说服的起点。

同样，与陌生人对接上了，因为对其性格等方面缺乏了解，说服仍有很大的不确定性，把握得当，处理得好，可以一见如故，相见恨晚；否则，可能导致四目相对，局促无言，甚至有所得罪。

一是做好接纳准备。接纳，是双方的事情，有了共同之处，彼此都感兴趣，才可能相互吸引、相互融合，纳入各自的领域。

首先，要说服自己主动去接纳。因为你面对的是陌生人，说服的目的是有求于对方，对方愿意或不愿意，说服的情况不好预料，对方或欣然接受，或巧妙拒绝，或话语粗糙，或出言不逊，结果是满意、尴尬甚至让人委屈，凡此种种都可能发生。要做好接纳的思想准备，端正接纳对方的心态，从感情上做到不排斥。

如果发生不愉快的事情，为了既定目标，拿出准备好的应对措施，该忍则忍，"小不忍则乱大谋"。

二是坚持接纳原则。怎样接纳，要有原则：心存善意，谦逊低调，彬彬有礼，互利互惠，善于发现对方的优点；考虑问题，作判断，站在对方角度，设身处地，宽容待人。力争让对方始终处在自然、舒服、情愿的状态，没有"突兀""尴尬"的感觉。

## 2. 能"搭上话"

"搭上话"就是让对方开口讲话。面对陌生人，希望对方做些什么，需要获得哪些帮助，有了接纳的准备，就要想办法与对方"搭上话"，让对方主动"开口"，参与你的说服话题之中。所以，说服陌生人，第一步就是要"搭上话"。

"搭上话"是一件很不容易的事情，往往在瞬间，需要完成对方性格、心理、好恶、习惯的试探，寻找出彼此的认同点，以此贴近对方，拉近距离，在有限的时间内，走完从陌生到有好感，从有好感到"搭上话"的过程。

一是产生好感。就是"套近乎"，想办法让彼此产生好感，为"搭上话"做前期铺垫。

难点在于如何"以貌取人"。丝毫不能放过对方传递的信息，通过对方长相、穿戴、表情以及一举一动，迅速筛选出有用的信息，寻找到彼此可能的兴趣点，激发对方参与的愿望，启动可能说到一起的话题。

二是把话"搭上"。一旦启动了话题，就要迅速深化内容、扩大成果，让共同点越来越多地延展开来，成为持续交谈的内容和深化交谈的热点，并且巧妙地逐步接近说服主题。

老耿与客户谈生意。来的客户经理自己从来没有见过，老耿见此人体型匀称，寻机就问："经理您的身材保持得这么好，在搞什么运动？"

经理说："游泳，每个星期三次。"于是两人聊起了游泳的话题。从游泳对身体的好处到游泳的姿势，从游泳的速度到游泳的耐力，从中国游泳的运动员到外国的运动员，说得开心，两人还切磋了游泳的技巧。老耿借机谈了共同合作的愿望，双方不但签了合同，以后还常常约着游泳，两人成了朋友，合作生意持续展开。

首先，老耿"套近乎"，观察到对方体型匀称的特点，夸奖对方"身材保持得好"，对方当然高兴，对老耿有了好感。其次，"搭上话"，启动"游泳"共同兴趣点的话题，结合自己游泳爱好、实践体会，迅速扩大话题内容，让双方尽快相互融合、相互接纳，为下一步开展说服主题做铺垫、打基础。

一个人的心理状态、精神追求、生活爱好等等，或多或少地要在他们的体型、表情、服饰、谈吐、举止等方面有所表现，只要善于"察颜观色"、细细"品味"，就会发现共同点，找到共同的话题。

### 3. 听出信息

因为需要瞬间得到对方的信息，当介绍对方情况时，尤其要仔细听、快分析，及时筛选共同关心的话题。

老耿参加生意洽谈会，主办方介绍双方情况。老耿马上从介绍中发现对方与自己的共同之处。其中一位与自己是同一所大学的校友。老耿围绕"同学""搭上话"进行交谈，谈曾经的老师、曾经的校园等等，很快变得亲热起来，从相互认识到相互了解，为下一步洽谈会顺利进行，创造了良好的氛围。

有一次，老耿在生意洽谈会上，特别想接触一位客户经理，他发现这位经理说话带天津口音，于是自己发言时有意使用了天津话。异地遇老乡，会后用餐的时候两人攀谈起来，相互介绍，相互问候，介绍自己参会的打算。一对老乡的亲热劲，不知情的人怎么也不会相信，是老耿的用心，促成了这样的结果。

可见细心观察揣摩对方，确实可以找出双方的共同点，使陌生的路人变为熟人，甚至发展成为朋友。

听出信息，需要人生的经验和准确判断。

一是储存信息。从人们共同的生活环境，共同的工作任务，共同的行路方向，共同的生活习惯中注意发现共同点和不同点。与人多交流多沟通，了解不同类型人的性格、好恶、习性，积累待人接物的经验，使自己面对他们能够得心应手地应对。

二是准确判断。留心对方的言谈举止，准确把握对方的"特殊点"

和好恶，做到"看人下菜"。比如，以上例子中老耿用"天津话"认老乡，就是通过观察判断找到了"搭上话"的共同点。

4. 以话试探

如何让对方开口"搭上话"，需要"投石问路"，试探对方话语，从"套近乎"中获取信息。

一是籍贯。询问对方是哪儿的人。籍贯有乡土情结，也是一种文化。"老乡见老乡，两眼泪汪汪"，中国传统的农耕社会，十分看重乡里乡亲之情。与对方攀上同省、同市，甚至同乡，会加深彼此的亲切感。

二是口音。通过口音判断对方是哪儿的人。中国地域广阔，方言众多，能够识别对方的口音，从而判断是哪方人士，会让对方产生亲切感。就是判断有误，对方若纠正，也可为"搭上话"另辟蹊径。

三是职业。通过询问职业，找到共同兴趣点。

四是借机。帮对方做些急需帮助的事，比如看见对方不便的地方，主动伸出援手，给对方留下好印象。有的甚至吸烟借火，来发现对方特点。

　　列车上，老耿回南京看望父母，朋友得知，大箱小箱送了不少礼物。老耿发愁，到站自己没有办法拿这些东西下车，加上又是到上海的过路车，停靠时间短，要是有个人能帮一下就好了。他试着和对面坐的中年汉子搭上了腔。"师傅，这是上哪里去？""到上海。""听口音不是上海人啊？""噢，天津人！""啊，天津是个好地方啊！我在读小学时就知道天津，以后，上大学的假期到过天津。"听了这话，那位中年人马上来了兴趣，二人从"狗不理"包子、水上公园、老西餐馆"起士林"谈开了，又扯到北洋军阀、李鸿章和租借地的"马场道"，那亲热劲，不知底细的人还以为他们是一道来的呢。接着就是互赠名片。老耿感到时机可以了，提出了自己的请求，希望对方能够帮帮忙，到站把东西运送下车，对方二话没说，痛痛快快答应了。

从陌生到"搭上话"，老耿找到了双方共同的兴趣点，即"怀念曾经的老天津"这个话题，拉近了彼此的距离，为下一步向对方"求助"提供了可能。

技法应用：潜移默化法、择机法、求教法、悬念法和暗示法等。

## 八、说服固执人

固执是一种偏执型人格障碍。这类人具有敏感多疑、好嫉妒、自我评价过高、不接受批评、易冲动和诡辩、缺乏幽默感等特点。但是，固执的人并非蛮不讲理，只是由情绪化和偏激化形成的固执状态。

一是出于自己强大的信心，认为自己掌握了全部或部分真理，因此不理会别人的意见。

二是出于对一种思维模式的坚信不疑，类似于保守。

三是出于一种不理智的情绪。

四是天生执拗的性格。

现实生活中，面对这些偏执"认死理"的人，用一般的说服方法很难奏效，需要特殊面对。

1.激将为先

固执，来自不理智的情绪和冲动，往往内心非常脆弱。改变固执的一个好办法，就是用"激将法"，即用已有的经验或教训来刺激对方。

　　曾国藩和太平军作战，屡战屡败，想要后退，但碍于面子，无法接受。因此，抱定决心，死守壁垒。当时，湘军力量非常薄弱，这个固执想法无疑会把自己引入死路。湘军将领彭玉麟来劝，曾国藩还是不听，并且说自己已经有了很好的打算，守才能胜，不守则败。彭玉麟没有办法，只好用"激将法"进行说服："一守败长江，二守败安庆，这就是您的早有打算？"曾国藩面红耳赤，原先的固执被扫去了一半。在彭玉麟苦劝下，曾国藩调整了想法，及时回避战时的锋芒，有效保存了实力，为集中力量再来作战打下基础。

　　对于固执的人，不得不说一些"伤人"的话。对方曾经有过的失误、遗漏、错误的问题，都可以作为说服对方的话题。这时，大可不必讲究礼貌、客套，可单刀直入，直接指出对方的弱点，告诉其可能形成的危害和后果，同时提出具体佐证。对方原本虚幻的自信心受到挫伤时，也就是可以展开说服的时候。这里，彭玉麟用了"激将法"中的"明激法"，采取直接"将军"的方法，直截了当给对方贬低、刺痛，达到刺激效果，使之犹如冷水浇头，精神一振。

　　当然，也不是简单的"将军"，提出问题的方法、指责对方的语气、讽刺或打击对方的态度，还是应该讲究技巧。

　　一是加深理解。应该试着理解对方，明白对方真实的心理状态，根据"心病"，提出中肯的意见。

　　二是善意出发。态度应该是善意的、理解的，能够站在对方立场上，真心诚意帮助对方，确定对方不会遭受刺激而表现反感，这样才能促使其醒悟，最终得到对方信任。

　　三是把握好度。无论什么情况下，不要说伤及对方尊严、刺痛对方内心的话。说话把握分寸，巧用"点到为止法"，多用启发式。切不可使刺激转化成侮辱，更不可使激将转化成仇恨。

2. 晓之以"利"

有时说道理，对方固执地听不进去，晓以利害关系，效果马上显现出来。两利相权取其重，两害相权取其轻，趋利避害，这是人之常情。应用"晓以利害法"，顺应人类这一本性，分析得失，从而提高说服的力量。

战国时期，鲁哀公大兴土木，规模空前。公宣子第一次劝阻："房舍过大，多住人则喧闹，少住则空旷，望酌量。"哀公不听。第二次劝阻："鲁国弱小而住室很大，百姓知道了，会怨恨我君；诸侯知道了，又会轻视嘲笑我国。"哀公仍建造不停。公宣子第三次劝阻道："左边右边都是先祖之庙，在中间兴建又多又大的房舍，恐怕有害于吾君。"哀公一听，马上命令拆除筑板，停止兴建房舍。

公宣子前两次没有成功，而第三次成功了，是因为前两次提出的理由对鲁哀公来说无关痛痒，什么喧闹、空旷，什么百姓、诸侯，和我有什么关系。然而第三次却不同，因为古人最害怕先人之庙作祟，这事关重大，怎能不听？当然下令停止兴建，"晓以利害法"起了作用。

饭店保洁员拾到顾客遗失在店内的手机，想悄悄据为己有，被领班张大姐发现了，让她上交，可保洁员说："手机是我拾的，又不是偷的，更不是抢的，不上交也不犯法。"

张大姐："你知道什么叫不劳而获吗？不劳而获是不经

过劳动占有劳动果实！抢别人的东西是不劳而获，偷别人的东西是不劳而获，拾到别人的东西据为己有当然也是不劳而获。"保洁员语塞，但并没有把手机拿出来。张大姐顺势教育道："拾到别人的东西据为己有，除了违反国家法律，同样违背社会公德。再说店里也有工作守则，拾到顾客遗失的物品要交还，你可不能犯糊涂啊！"经过张大姐的教育，保洁员终于认识到自己的错误，把手机交了出来。

张大姐前面的诱导收效甚微，最后切入实质性问题：拾到东西据为己有，与法律道德相悖，更与饭店规定格格不入。画外音饭店是不能容忍这种行为。一席话使保洁员受到了教育，打消了错误念头。

3. 当众类比

当众谈及一件看起来与之毫不相干的事，诱导对方归纳出其中蕴含的道理，然后应用"类比法"，由此理切入彼理，进行逻辑类推，让对方依理而服气，当众认错，收回自己的想法和做法。

朱教授给某大学外国留学生讲授汉语。一位日本留学生常常迟到，还总是穿着拖鞋进教室，只要他一到，噼噼啪啪的响声就闹得教室十多分钟安静不下来。朱教授每次指出，他总是油腔滑调地回答："老师，我只有一双拖鞋，要是不让穿，只好不来上课。"他的话引得留学生们哄堂大笑。

一次，上课讲风土人情，朱教授请各国留学生介绍自己国家的文化，并有意让这位学生介绍日本的"榻榻米"。这位学生来劲了，跑上讲台连说带比画，告诉大家"榻榻米"的使用。朱教授冷不防插问道："如果有人一定要穿着鞋子踩上

'榻榻米'，日本人会怎么看呢？"对方不假思索地回答："那日本人一定会认为这个人脑子有病。"朱教授笑了，然后问道："那么，在中国大学的课堂里，你一定要穿拖鞋来上课，中国人怎么看你呢？"这位学生愣了半天，恍然大悟道："老师的圈套大大的，我的钻进去了。"

在同学们见证下，这个日本学生已经没有"回旋"余地，只好"就范"，第二天穿了一双崭新的运动鞋走进教室，还故意朝朱老师抬了抬脚。

应用中注意这种类比一定要有可比性。

4. 入心入理

采用迂回的策略，先聊一些与实质性问题较远的其他话题，目的是减轻对方心理压力，逐渐拉近双方心里的距离，再由远及近，一步步进入实质问题。这样做，看起来费了周折，实际上对于说服一些偏执的人来说，是成功的捷径。

美国一家电气公司推销员威伯，到一个州乡村去推销电。当叫开了一所富户的家门，户主是一位老太太。见到是电气公司的，老太太就猛然把门关上。威伯再次叫门，门勉强开了一条缝。威伯说："很抱歉，打扰您了。知道您对电不感兴趣，这次登门不是向您推销的，而是想买些鸡蛋。"老太太消除了一些戒备，把门开大了一点，探出头，用怀疑的目光望着威伯。威伯继续说："我看您喂的明尼克鸡种很漂亮，想买一打新鲜的鸡蛋带回城。"接着充满诚意地说："我家来航鸡下的蛋是白色的，做的蛋糕不好看，所以，我太太要我来买些棕色的蛋。"这时候，老太太从门里走出来，态度比以前温和了许多，并且和他聊起了鸡蛋的事。威伯指着院子里的牛棚说："老太太，我敢打赌，您养的鸡肯定比您丈夫养的牛赚钱多。老太太被说得心花怒放。长期以来，她丈夫不承认这个事实。于是她把威伯视为知己，并高兴地把他带到鸡舍参观。威伯一边参观，一边赞扬老太太的养鸡经验，并说："您的鸡舍，如果能用电灯照射，鸡的产蛋量肯定还会增多。"老太太似乎不那么反感了，反问用电是否合算。威伯给了她圆满的回答。两个星期后，威伯在公司收到老太太交来的用电申请书。

威伯说服固执的老太太，在于不急于求成，运用"潜移默化法"，招招紧跟，一步一步具体而又细致地为对方剖析情势，为其出谋划策，一步一步拉近双方的心理距离，促使老太太的态度一点一点地发生改变。

中学生小张，父母在国外工作，自己同外婆生活。学习上，小张对自己要求不高，上课时爱找邻近的同学讲话，老师多次教育也不改正，于是班主任周老师找他谈话。

周老师说："小张，昨天物理老师说你这次物理成绩相当不错，同上一次比起来，进步很大，今天老师打电话告诉你外婆了，外婆听了很高兴，老师也很高兴，这说明只要通过自己的努力，学习可以进步，成绩能够提高。你爸爸妈妈一直在国外工作，长期以来，你都能够很好地照顾自己，有时还能帮外婆做点事情，说明你有相当强的自理能力，这在我们班级中也是很不错的。最近，老师的工作较忙，对你的关心也比以前少了，这是老师工作疏忽，今天老师找你来，是想了解一下最近这些日子，你的情况怎么样，是不是达到了上次你对自己提出的要求，你能告诉老师吗？"

小张不好意思地说："不太好。"周老师则进一步诱导："的确，我们学习中免不了要犯这样那样的过失，要改掉它也不是一下子的事情。今天既然到老师这儿来了，能不能和老师一起探讨一下，咱们一起找出这种现象的根源，然后努力克服它，你说好吗？"接下来，老师和学生间开始了相当友好的沟通。老师指出上课违纪的危害性，小张也谈了自己对问题认识不足，以及自我要求不严的根源。最后，老师进一步提出更高要求，并寄予了厚望，小张愉快地接受了老师的劝告。

在这里，周老师对缺乏自制力的学生小张就采用了由优点说到缺点，由副题引入主题，由关心询问到互相探究，层层递进，步步深入，最后才接触实质性问题的方法。由于周老师对症下药，方法得当，循循善诱，苦口婆心，终于取得了说服的成功。

说服的过程是说服者对被说服者攻心的过程，也是被说服者心理渐变的过程。先让对方"心服"，再让对方口服，符合心理学的基本规律。周老师实践中，运用得恰当巧妙，取得了理想的说服效果。

技法应用：潜移默化法、类比法、激将法、引述法等。

# 第五章　说服方案的制订

说服要想产生效果，就需要做好前期准备工作，制订说服对方的方案。一般性的说服，可以在头脑里打"腹稿"，复杂的说服，比如重要的谈判、演讲等关系重大的说服，就要制订一个具体详尽的说服方案。

不管什么形式、主题的说服，可以遵循以下步骤开展准备工作，形成具体实施方案。这里把方案制定总结为："说服准备八步骤"。

第一，确定说服形式。归纳说服的形式是：忠告、认同、求助。

忠告——诚恳地劝告对方。

认同——希望说服对方与自己的看法、观点和行为相同或一致。

求助——请求对方帮助。

第二，确定说服主题。即确定说服的核心内容。

第三，确定说服对象。判断说服对象是一个什么样的人，以此对症下药。

第四，确说服定目标。希望已经确定的说服形式和主题达到怎样的结果。

第五，确定说服技法。看看采用哪一种或同时用几种说服技法比较合适。可以参考本书第三章总结归纳出来的15种说服技法。

第六，确定说服语句。组织最能够表达出效果的语句，形成初步的说服方案。

第七，确定说服效果。反思检查已经形成的初步说服方案，看看将要产生怎样的成效，是不是自己所希望期待的效果，以便及时进行调整。

第八，营造说服氛围。方案确定后，营造有利于说服的环境条件，让自己的说服能够顺利展开。

"说服准备八步骤"，从说服的完整性和实际效果出发设计。一是有利于系统完整地设计说服方案；二是有利于突出说服主题，防止跑题；三是有利于深入说服主题，直击目标；四是有利于说服清晰、准确，易于接受。

举例如下：

1."小李，三天之内，一定要给苹果树浇上水，否则，必然减产。"

确定说服形式：忠告。

确定说服主题：浇水。

确定说服对象：小李。

确定说服目标：三天之内给苹果树浇水。

确定说服技法：直奔主题法。

确定说服语句：表达清晰、准确，形成说服的初步"方案"。

确定说服效果："方案"是否达到说服的效果。

营造说服氛围：确定说服地点、环境等。

2."苹果是最好的水果之一，对人们的健康十分有利。"

确定说服形式：认同。

确定说服主题：苹果是最好的水果。

确定说服对象：社会大众。

确定说服目标：苹果对人们的健康有利。

确定说服技法：直奔主题法。

确定说服语句：表达清晰、准确，形成说服的初步"方案"。

确定说服效果："方案"是否达到说服的效果。

营造说服氛围：确定说服地点、环境等。

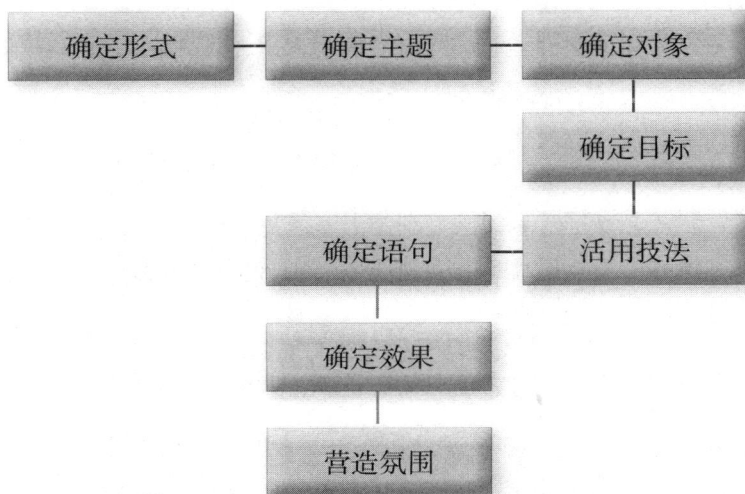

3."小李请帮我摘树上的大红苹果。"

确定说服形式：求助。

确定说服主题：摘苹果。

确定说服对象：小李。

确定说服目标：大红苹果。

确定说服技法：直奔主题法。

确定说服语句：表达清晰、准确，形成说服的初步"方案"。

确定说服效果："方案"是否达到说服的效果。

营造说服氛围：确定说服地点、环境等。

```
确定形式 ── 确定主题 ── 确定对象
                          │
                       确定目标
                          │
       确定语句 ──── 活用技法
          │
       确定效果
          │
       营造氛围
```

## 一、确定说服形式

说服别人好比盖房子，首先确定形式，即房子做什么用途，是办公、仓库、住人，还是有其他用途。因为房子的用途，决定需要什么样的设计。

然后进行细分，如果是住人，住什么人？是住家、学生宿舍，还是接待贵客的宾馆，以此确定其建造地点、大小、高低、构造、用材等。同样，开展说服，首先要确定说服形式，才能根据不同的说服设计方案。

说服形式归纳起来有三种：忠告、认同、求助。

### 1. 忠告

定义：诚恳地劝告对方。已经看到对方的不足或存在的问题，诚恳地进行劝说，让其或有所防备，或不要按照自己的想法继续去做了。

忠告往往汇集了人生经验，对于涉世未深的人来说十分宝贵。人生只有一次，谁都是从小长大，从不知到知之，从知之甚少，到知之甚多，脚下的路都需要一步步走来，所以前方道路确有很多未知的因素。如果把自己人生经历中宝贵的经验告诉对方，与其共享，帮助其在没有走过的道路上走得顺利，胜过一些空洞的说教。这样做尤其容易感化、打动对方，事后你会得到感激的回报。

忠告一般多用于朋友、同事，有时也可以针对其他不熟悉的人。比如，劝说朋友避免鲁莽行动等。说服中的忠告有以下特点。

一是忠诚。首先要"忠"，说服的动机是善意和诚恳的，是为了帮助对方。

二是告诫。或告诫对方事态的严重性，或告诉对方解决问题的好建议好方法等。

三是"适度"，即"深浅"得当。悉心把握忠告的尺度，忠告说得浅了，难以触动要害、打动对方；说得深了，对方可能不愿听，甚至还会产生误会，认为自己对事情已经把握得很好了，用不着别人"指手画脚"。把握忠告的尺度，成为说服的难点。

《论语·颜渊》："忠告而善道之，不可则止，毋自辱焉。"孔子说："要忠言相告，引导他向善。如果他不听，就不要再说了，说多了只能自取其辱。"孔子传授子贡说服的方法，其中有很深的道理。因为人的观念是多年形成的，改变它绝不是一蹴而就的事，正所谓"江山易改，禀性难移"。

人非圣贤，孰能无过？朋友有了过失，理应忠言相劝，不宜袖手旁观，坦诚布公地劝导，推心置腹地讲明利害关系。首先，据事依理，加以规劝，无所隐匿。其次，劝谏的内容，沟通的态度、方法，都须因人、事、情境、场合而深虑详考，以妥善的方法点醒"梦中之人"。

有时"忠告"未必为朋友所接纳，若真是坚持不听，也就作罢。对此，最好的办法是不愠不怒、停止劝谏，承认和尊重对方的主体地位，以免招致嘲讽、辱骂，既伤害友谊，还自取其辱。

至于一般的同事或"路人"，忠告更要注重尺度，一般要尺度放宽，用"点到为止法"，点到为止、适可而止。

2.认同

定义：希望对方与自己的看法、观点和行为相同或一致。用自己的看法、观点和行为说服对方，希望接近一致，或达成共识。大量的说服属于这一类。从事媒体、演讲、律师、教师职业者，大多采用这种方法。

认同有知识认同、文化认同、观念认同、行为认同、事件认同等等。说服中的认同有以下特点。

一是自我认同。说服前，先反省设计的说服自己是不是认同，才谈得上是否值得对方认同。如果自己准备不够充分，"七上八下"吃不准，认同难以收到好的效果。

二是对方认同。要站在对方的立场上设计说服，让对方能够感觉到你的真诚。融洽相处，注意自己的言行举止，不要触犯对方的原则，要有所顾忌，让对方感到你是能够认同、值得认同的人。

三是榜样示范。认同是对榜样的模仿，即说服对方与榜样一致起来。告诉对方：榜样是靠得住的，有充分的"依据"支撑，有示范作用，向此看齐是理想的正确的选择。

俗话说："榜样的力量是无穷的。"榜样有说服力，认同就容易被接受，达成共识。榜样值得对方认同，对方才认同；对方觉得不值得认同，就不会为了讨好你而表示认同。压服是认同说服的大忌。

判断值不值得认同，比较复杂，往往还与对方价值观有联系。如果对方价值观过度偏离社会主流，榜样的力量就会减弱，认同说服就会发生困难。

四是说理充分。首先，说理完整，认同说服的事情上下贯通，来龙去脉非常清晰。其次，说理严密，认同说服或因果或递进，上下环环相扣，不但知其然，还知其所以然。唯此，才能促使对方信服。

重要的说服认同，要借助概念、判断、推理的方式，以及比较、分析、综合、抽象、概括等方法。

3. 求助

定义：请求对方帮助。求助是人们极为普遍的行为，成为说服的一个重要方式。个人之间、集体之间甚至国家之间都不断进行着相互求助。当一个人、一个家庭、一个群体、一个地区甚至一个国家，遇到难以解决的困难和问题时，都会通过某一种或者某几种方式发出求助信息。

当今社会，生活丰富，人们求助的种类越来越多，爱心求助、爱情求助、婚姻求助、人情求助、工作求助、人才求助、房产求助、生活求助、项目求助、法律求助、新闻求助等，求助的范围不断扩大、内容更加多样，求助的方法、路径和手段也有发展和创新，需要学习、实践和积累。说服中的求助有以下特点。

一是寻求。求助的核心是"求"，有求于对方的帮助。对方提供帮助是主动方；我方"寻求"帮助是被动方。所以设计方案一定要以对方为主，真诚地站在对方的角度和立场上考虑问题，合情合理调动对方的主动性，达到对方资源为我所用的目的。

二是友好。求助的基础是友好。家庭、朋友和同事也好，团队、团体、国家也罢，都是以友好为基础寻求帮助。除此之外，其他求助都是难以成立的。至于陌生的"路人"，"重大事情"的求助都是十分困难，一般要在价值观、兴趣爱好有交叉共融之时，才可能有机会。

三是共赢。有时求助信息发出，可以得到及时有效的帮助，有时却只能得到很少的帮助甚至得不到任何帮助。分析原因比较复杂，一个重要原因——缺乏共赢的基础，求助失度。

求助高估。期望值过高，脱离对方实际承受能力，强人所难，对方无法提供帮助。

求助低估。本来可以跳起来摘到桃子，却对自己能力质疑，希望依靠对方的外力帮助。对方认为你力所能及，能够摘到"桃子"，没有必要提供帮助。

求助过度。本来可以跳起来摘到桃子，却不愿付出，寻求占用对方劳动，想用最低代价或不付出成本拿到桃子，成为想占便宜"不靠谱"的求助。

四是回应。求助是在获取对方的资源，一般都要有回应，或换取，或承诺，或图报，或致谢，凡此种种，不管通过什么形式，都应有恰当的表示，让对方看到你的真诚和感恩，感到"东西"给你了，心里畅快。否则，即使当面"答应"，后面收回"想法"、不予兑现的情况也是有的。

### 二、确定说服主题

确定说服主题——确定说服的核心内容（中心思想），即贯穿说服内容、题材的基本问题、基本观点，也就是经过对生活观察、体验、分析、研究，并通过提炼而得出的思想结晶。

不管什么形式的说服，或忠告，或认同，或求助，都需要明确说服的主题，并且围绕这个主题以及各个形式的特点开展说服。确定说服主题旨在以下几个方面。

一是有利于对方集中思考。主题明确，容易集中对方注意力，促进深入思考，加深理解，尽快接受。

二是有利于自己说得清楚。有种情况，天南海北地说上一通，绕了一个大圈，说得痛快，竟然没有表达或突出主题，让对方匪夷所思，摸不着头脑，弄不清你究竟想要干什么。这样，非但没有效果，还可能因为浪费别人的时间，招人反感。究其原因，主题不够鲜明。

一般情况下，说服对方做什么，不该做什么，或怎样去做，或需要帮助，都会确定一个主题，一事一说，集中表达一个意思。因此，确定主题如同盖房子有了草图，有助于说服掌握全局。有利于把事情说深说透，防止说服缺乏针对性和目的性。

切忌多"主题"。多主题就等于没有主题，就会失去确定主题的意义。"毕其功于一役"，想通过一次说服，说几件事情，解决几个问题，这种做法是不可取的。"意多文乱"，鱼和熊掌不能兼得。"四面出击"，虽然说了不少，但每件事情都有可能说不深说不透，难以给对方留下比较深的印象，效力减弱。

面对多"主题"，最好抓住主要矛盾，挑选主要的事情来说，这样往往可以促进次要矛盾的解决，还因为一次成功说服，为下一次解决其他问题奠定基础。尤其是认同说服的媒体、教学、法庭辩论等，面对多主题，可以设计为系列说服，每次一个主题，会产生比较理想的效果。开展求助说服也是如此，一次提出过多要求，都是忌讳的。

### 三、确定说服对象

开展说服必须以人为本。全面了解掌握说服对象，因人施策，是开展说服的出发点和落脚点。所有说服工作的目的都基于此。

人与人之间情况千差万别，通过普遍到个别的分析，找出对方的特点，并围绕其特点有针对性展开说服，才能对症下药取得实效。所以在确定了说服主题后，就要全力研究说服对象，量身定制说服方案。以下情况可以作为依据参考。

1. 年龄

人们的年龄不同，往往阅历、体验和智力水平有差异。要注意研究不同年龄阶段的生理、心理等特殊情况。

幼儿期，生理和心理急速发展，模仿性强，大多从自我出发，"拟人化"来看待外界的事物。说服应力求生动、浅显、富有形象和启发，多用讲故事、童话、寓言和猜谜语等方法，效果比较好。

少年期，学习成为重要活动，具有思想直观、兴趣广泛、富于幻想、求知欲强的特点。说服的时候，更多坚持正面引导，尊重他们的选择和爱好，多用关切、体贴、热情、幽默的语言，也可以引用历史上著名人物的事迹给予激励。

青年期，精力旺盛，充满幻想，渴望创造，要尊重他们的独立性和批判性，以热情、亲切、自然的态度，用具有时代气息、节奏明快、准确规范、富有哲理的语言。说服多用讨论、商量，或二者相结合的办法进行。切忌高高在上，指手画脚地教训人。

壮年期，心理发展已经达到成熟程度，心理定向明显，自主性强，思想情绪稳定，有独特的人生体验和明确见解，喜欢平易朴实、准确实用、逻辑严密的言辞。说服尽量用谦虚、务实、开朗、乐观的态度。

老年期，人生体验最为丰富，喜欢热情、稳重、平实、幽默。说服态度要谦逊，用语要尊重、庄重、谦和、亲切。

2. 性别

性别不同，往往反映在性格差异上。

男性一般自信、大胆、果断，不太注重细节，要求热情、开朗、奔放。男性之间交谈，海阔天空，无拘无束，自由随意，坦诚直爽，理中含情，但要控制情绪冲动。

女性一般文静、柔弱、细腻，比较敏感和脆弱，要求亲切、温和、婉转。女性之间交谈，家庭邻里，儿女亲朋，事业人生，情中含理。与女性交谈，平等、热情、坦诚，但切不可对其敏感的形体、服饰、偏爱、隐私等评头论足。同时，要耐心倾听，不要认为对方知道得比你少，或对方的意见毫无价值。

3. 职业

人的职业不同，在社会生活中扮演的角色不同，言谈举止大都带有职业色彩。开展说服，与职业相关的内容十分广泛，可谓"三句话不离本行"，是双方最容易介入的话题，对此要高度重视。

人格无高下之分，职业无贵贱之别。说服不同职业的人，平等尊重应该成为恪守的一个基本原则。

### 4. 地位

面对地位高者，态度尊敬，认真倾听，不随意插话，除非对方希望你讲话；回答问题要把握分寸，简练适当，用有把握的话表达自己的观点，尽量不说题外话。

面对地位低者，不能因为对方地位卑于自己，就说话漫不经心，给对方留下随随便便的印象。要礼貌庄重，态度和蔼，待人平等。不要高高在上，指手画脚，教训别人；不要话语过多，出言不慎，随意表达。

### 5. 气质

参考对方的气质，有利于把握说服，知道哪些该说，哪些不该说；知道哪些需要多说，哪些少说甚至不能说。

一个人的气质是内在修养以及外在的行为谈吐、待人接物的方式态度等的总和。优雅大方、自然而然的气质，会给人一种舒适、亲切、随和的感觉。气质是内在散发出的一种魅力，靠内在修养进行涵养。

气质从外表看，基本表现——穿衣打扮，言行举止。你是哪种气质？如果了解自己，就能知道自己的优势；对方是哪种气质？如果了解对方，说服就能更有针对性。

当然，一般来说，人们的气质类型相当复杂，具体情况要因人而异。

### 6. 教养

教养含礼貌、规矩、态度、风度、生活方式、习惯等，反映了人们的综合素质。良好的教养往往能在第一时间给人直观、细微、贴切的感觉，给人留下第一印象，成为自己的形象。

良好的教养是一种与人为善、与人相处的生活态度和技巧能力，使得人们的相处拥有了优雅和谐的品质，能得到对方的喜爱、尊重和欢迎。良好的教养能够超乎政治和意识形态，被人们广泛认同和接受。

良好的教养就是我们在任何时候、任何地方、任何事情上都能表达对他人的尊重，能亲切真诚自然地待人、接物、处事。在言谈、举止、眉目顾盼之中传达对人的尊重，使自己和对方有安全感、愉悦感和尊严感。有教养的人按照规矩"出牌"，言谈举止充分考虑对方感受，维护对方的情感和尊严，比较容易沟通。

教养往往在细节上表现出来，说服时的一举一动，都可能加分或减分。俗话说"坐有坐姿，站有站相"。坐姿作态、举手投足、言长语短等，都能透出一个人的教养。

7. 兴趣

一般说，每个人都会对其感兴趣的事物给予优先注意和积极探索，甚至心驰神往。例如，对书法美术、绘画摄影、音乐体育、古玩收藏等。感兴趣的人，就会主动寻找机会去参加相关活动，并且在参与过程中感到愉悦、放松和成就感，表现出积极和自觉自愿。

不同环境、不同职业、不同文化层次的人，兴趣和爱好都不一样。有人的兴趣爱好的品位比较高，有人的兴趣爱好的品位比较低，兴趣和爱好品味的高低会直接影响一个人的个性特征。

了解掌握对方的兴趣爱好，往往对说服沟通起到意想不到的效果。人们都希望找到知己，得到理解、支持和欣赏的人，所谓"知音"难觅。如果能够找到相互的"兴趣点"，一定会有话"料"，很容易谈得上路。

8. 所想

知人知面还要知心。你喜欢的，对方未必喜欢；你追求的，对方未必追求。通过一些表面现象，细心揣摩研究对方的心理活动，发现所想，看到心里的真实想法和意图，从中掌握其动机和目的，是制定说服方案一个关键点。

如果敏锐抓住对方的心理目标，让对方感到，只要按照你所说的去做了，就可能得到自己想要的东西，促使其按照你的思路去考虑问题，以推动心理转变，从心理上接受你所说的观点，那么，说服的针对性会大大增加，容易获得理想效果。

人有千面，需求各异。发现掌握对方心理活动（所想）的方法——多询问，多聆听，细细观察，细细揣摩。

### 四、确定说服目标

目标——希望已经确定的主题达到什么样的结果。

确定说服的主题和对象之后，不管你确定怎样的主题，想做什么事情，都要对主题所能达到的目标有一个清晰的判断和把握。

说服形式是忠告，诚恳地劝告对方，需要达到怎样的目标。

说服形式是认同，希望对方与自己的看法、观点和行为相同或一致，需要达到怎样的目标。

说服形式是求助，请求对方帮助，需要达到怎样的目标。

#### 1. 明确目标

根据确定的说服主题和形式，定制希望达到的目标。

一是通达主题。目标围绕主题服务主题，主题是"想要摘到苹果"，你就不要去摘桃子。目标是想要摘到什么样的苹果，如果定制目标为"大的红的苹果"，你就不要摘"小的和青的"。这样，有利于围绕主题，循着目标展开说服，提高说服的命中率，防止跑题。

二是切合实际。确定目标符合自身实际。目标定高了，难以达到。对方"跳起来"也摘不到"大的红的苹果"，非要对方去摘，强人所难，难以实现目标；目标定低了，又往往难以实现自己理想的效果，本来能拿到红苹果，却拿到了没有成熟的苹果。这就需要比较自己的情况和条件，"可汤吃面"，量力而行，以目标实现的可能性确定"目标"。

三是及时评估。主题到目标的路径是否畅通，是不是可能接近或达到目标，拿到"大的红的苹果"的条件是否具备了，有什么障碍和不确定因素等等，需要及时作出评估。如果对确定的目标进行有效评估，把可能出现的问题理清楚了，有把握做到让对方容易理解能够接受，对控制说服的进程会有很大帮助。

2. 知己知彼

说服是双方的互动，认清自己确定的目标的同时，就要及时把握对方的目标。因为，在说服的过程中，对方也时时刻刻用自己的价值观和目标在衡量，揣摩你的意图。正确认识对方的真实需要以及心理活动、情感状态等，对确定自己的说服目标十分重要。

要把你所期待的目标，与对方可能产生的感受理解判断清楚。揣摩对方怎么看待你提出的要求，对你期待目标的理解是什么样的，能否理解这个目标意义所在，能否按照你说的去做。对此，可以在头脑当中像过幻灯片一样，把以上问题过一遍，在心里打个腹稿，避免说服过程中出现偏差，或者在对方偏离方向的时候，适时地进行调整，引导对方正确认识你的用意，从而发自内心接受你确定的目标，明晰自己应该做些什么。

3. 认清底线

说服中，经常有看法相左、利益博弈、讨价还价的情况。根据确定的目标适时应对，或坚守，或退让，或放弃，都有一个底线要求。

所谓底线，就是当双方结果出现差异的时候，自己能接受的最低限度。清晰判断底线，对修正说服、实现目标起着重要作用。

一是认清自己目标底线。确定目标时，对自己的底线有个清晰的认识，有利于掌控说服的主动权。当对方对你提出要求不清晰，或要求值过高，或存在具体困难等，你该如何应对？认清了自己目标底线之后，开展说服会更有把握。当出现差异谈不下去了，你已经有准备好的应对之策，可以做到从容说服。

二是认清对方目标底线。你提出的要求，对方能否接受，接受的程度会是怎样的，会不会以资源不足为理由拒绝，会不会以能力不足拒绝，会不会以支持条件不足拒绝，凡此种种，需要多大的"容忍度"，底线在哪里，同样需要认真考量，否则，确定目标的条件就不完整。如果对方不认可或没有响应，"一个巴掌拍不响"，说服成了一厢情愿的事情，目标就难以实现。

综上，考虑清楚自己确定的说服目标以及对方可能接受的目标，考虑清楚自己说服目标的底线以及对方的目标底线，就容易在期待确定目标引导下，与对方进行有效的互动，把说服控制在预订效果的范围内，推动说服深入进行下去。


### 五、活用说服技法

本书总结归纳出15种说服技法——直奔主题法、潜移默化法、点到为止法、晓以利害法、亲身经历法、打比方法、认同法、反衬法、择机法、引述法、类比法、激将法、求教法、悬念法、暗示法。以上说服技法，本书从定义、特点、要求、案例分析进行了比较全面的讲解，可以根据需要选择应用。

1. 运用原则

运用说服技法，有一定的规律可循。一般情况下，说服形式、主题、目标和对象确定之后，就可以考虑选用哪一种或哪几种技法。选用技法，要紧紧围绕已经确定的主题、目标和对象展开，通过综合考量，权衡分析，选好择优。要做到三个有利于：

一是有利于突出主题。技法是为更好表达说服主题服务的。根据确定的主题，看看哪种技法与主题贴切，最能有效地表达主题、反映主题内容，以此可以作为选择的对象。

二是有利于畅达目标。技法是为更好达到说服目标服务的。说服是否能够顺利实现确定目标，就好比我们过河，到达彼岸，是用渡船还是架桥？技法起着承载主题过河，顺利到达目标的渡船和桥梁作用。针对确定主题，看看哪种技法适于达到确定的目标，以此作为选择对象。

三是有利于适合对方。技法是针对具体人的说服，所以还要考虑"人"这个最为重要的因素。说服对象有男女老幼、职业修养、兴趣习惯、好恶讳忌等等差异，情况不同所用技法是不一样的。就是朋友之间，是用直奔主题法、点到为止法、认同法还是别的方法，都要根据各自的情况判断，做具体的选择。针对说服对象，看看哪种技法适合本人情况，最能够达到说服功能效力，以此作为选择对象。

通常，一次比较简单的说服，用一种说服技法就可能奏效，比较复杂的，比如谈判、演讲等重大说服，可能需要两种或两种以上的说服技法。

2. 综合检验

主题达到目标的路径是否畅通，即选择的技法能否承担起主题到达目标的使命，需要分析检验。这时，技法好比一条"扁担"，看看能不能挑起一头确定的主题，另一头挑起确定的目标。"扁担"的粗细、长短、材质，要根据不同的人来设计确定，人的胖瘦、高矮、男女、壮弱的不同，对"扁担"的要求也不同。同样，"人有千面"，说服的对象不一样，选择的技法也会各异。这就需要对症下药，进行正向或反向检验，做到量身定制。

正向检验——从主题—技法—目标进行检验。把主题、技法和目标结合起来，做全局性分析，看看选择的技法是否适合说服对象，是不是一个合理的通往目标的路径，即从全局的角度看看，选择的技法是否得当，是不是对症下药，适合说服对象，承载起主题畅达目标的功能。

反向检验——从目标—技法—主题进行检验。看看目标效果的实现程度，技法运用的整个过程，确定主题是否合适，选择的技法是否能够获得目标与主题相一致的效果。


**六、确定说服语句**

围绕已经确定说服的形式、主题、对象、目标和技法，组织最能够表达出效果的语句。

1. 把头开好

万事开头难，好的开始是成功的一半。根据说服技法确定开头，是把头开好的要点。说服形式、主题和目标不一样，对应采取的说服技法不同，开头的方法也不一样。

直奔主题法，开头就是开门见山。

潜移默化法，开头就要做些前期的语言铺垫，渐入主题。

点到为止法，开头用语概括精炼，一语点到要害之处。

悬念法，用语更加概括精炼，开头不是用句子，往往是用几个字或用几个词。

如何具体应用，本书第三章都有比较详细的说明和举例，供参考。

2. 反复斟酌

组织好语句后，需要反复推敲，揣摩这些语句是不是表达得准确、清楚、适度。

准确，指紧扣主题和目标。

清楚，指路径清晰，主题畅达目标，技法运用有效。

适度，指语句充分考虑对方的感受，既不过激，也不过缓。

要反复地问自己，以上三点做到了吗？设计的语句是不是好的，是不是还有更好的，能不能打动对方。首先自己能够说服自己，自己认为满意才好。

3. 删繁就简

说服的用意在于让对方听得清楚、听得明白，以最容易理解和接受为目的。所以，组织语句一定要围绕说服的主题和目标来设计，语句不在多，在精在管用。

高明的说客，为让对方听得清楚明白，想方设法用最简单的语句，说出深刻的道理。

美国演说家毕菲瑞芝有一个名言，是关于如何训练自己做到用语简单的："一个很有意义的练习，就是从听众之中选择一位好像知识最浅的人，然后用清楚的语句，讲明事实，解释道理，使这个人对你所讲的话感兴趣。还有一个方法，就是与小孩子进行谈话，让你所讲的话极其简单明白，对方很容易理解，并且谈话之后，小孩子还能够说出你所说过的话。"

当今快节奏的社会，时间宝贵，说服上下级、同事、朋友，忌讳喋喋不休、拉拉杂杂，需要短时间表达出你的意见看法。重要场合，很短的时间里，给领导汇报工作，这次说服很可能决定你的未来，如何应对？这些都不是一蹴而就的事情，需要长期训练，积累短时间精炼语句、准确完整表达的能力。

可以在家人或朋友的监督下，也可以借助录音设备，用1分钟说清楚一件事情，用3~5分钟说清楚一个比较复杂的事情，着重训练自己删繁就简、驾驭语句的能力，看看在有限的时间内，能否用最简练的语句，表达一个完整的意思。也可以对同一件事情从不同角度进行表达，然后让家人或朋友分析，看看哪个效果比较理想，以此达到训练提高的目的。

据研究，说服需要多长时间为好，大体有个可遵循的标准：人们的话语压缩在四十五秒之内最易于理解，最长一分半钟。超过了这个限度，听者便开始感到"冗长"。如果超过二分十秒，不论听者还是讲者，都会感到厌倦，反而导致听者所听不完整、不易理解。

### 七、确定说服效果

反思盘点准备的说服方案，看看能不能达到目标，以便及时进行调整。这是说服方案确定以后，从目标期望值到主题的反思揣摩过程，是实现说服目标的全程评估。

1. 预期目标

看看确定的说服形式、主题、技法、语句是否合适，能否达到希望的目标值，确定的技法和语句是否合适，这几项组合是否合适，是否能够实现对方顺利答应帮助自己，即达到说服的目标要求。"结果好，一切都好"，通过评估目标的预期结果，检验说服方案的可操作性。

2. 及时调整

如果预期可能达不到希望的目标值，说明制定的说服方案出了问题，需要分析产生问题的原因，看看达到目标的路径是否通畅，有没有可能出现问题或偏差。若有，出在哪一个环节，是主题，是对象，是目标，是技法，还是语句等其他问题，及时修改调整。

如果预期可能达到希望值，只是某个环节还比较弱，力量还显得不够，若不做加强，很可能影响目标结果，为加强力度，就要及时补充完善，争取更好的预期效果。

## 八、营造说服氛围

营造说服对方的气氛和情调。自己有了满意的说服方案，要实现确定的目标，营造良好的说服氛围也是一个不可或缺的条件。

良好的氛围容易让人放松，交谈起来更加坦诚。如果谈话氛围紧张，双方都很严肃，交谈效果也会大打折扣。氛围，可以通过营造调节出来，注意两个方面。

### 1. 选址

重大说服，如谈判、演讲等，选址应该考虑音响、灯光、气氛、陈设、色彩和座次等因素，为双方沟通创造良好的环境，也为提高自信创造条件。

就餐说服，可以放些对方喜欢的轻音乐，会见的场所放置具有特殊含义的鲜花，或者布置一些字画，让对方感到你非常重视，并充满诚意，期待交谈。

登门说服，是需要在对方家里或办公室私下说的事情，目的是营造一个更加有利于成功说服的氛围。此类说服，为了做好"铺垫"，一般都有见面礼，根据对方的兴趣爱好，带点礼物，如书籍、鲜花、水果、茶叶等。老熟人，多年不见，可以带些对方的喜好礼物，找回过去的友谊。生疏的，送礼物就要慎重，如何"拿捏"很有讲究。送的不对路，对方可能会产生想法，"我明明不抽烟，看来还是对我缺乏了解"；送多了，对方有"压力"之嫌。

秘密说服，选址、选人和室内布置，要让对方放心，有安全感。

### 2. 选时

或选择对方心情舒畅、精神状态良好的时候，或营造良好的机会，不失时机进行说服。（见第三章"择机法"）

以上，为"说服方案的制订"八个方面的内容和步骤，即：确定说服形式、确定说服主题、确定说服对象、确定说服目标、活用说服技法、确定说服语句、预期说服效果、营造说服氛围，排序是按照一般思维逻辑安排的，但并不是一成不变的定式，完全可以根据自己的实际定制，按照自己的需要进行调整。这里只是突出说服内容和步骤上的八个节点，目的是便于把控、掌握，至于你感觉哪一个或几个是说服的重点，也可以不拘泥于排序、侧重给予提升。

### 九、说服方案的制订案例

开展说服，要具备一些必要的常识、技巧和经验，但更为重要的是把这些常识、技巧和经验运用到实践中去，多做积累，变为自身的说服能力和本领。因为说服是实践的学问，就像学习游泳，说得再好，不如下水实践就失去意义。这里就一般条件下，如何实践说服工作举例分析。

1. 忠告案例

**《释圆和尚点醒丹青"高手"》**

有位丹青爱好者千里迢迢来到法门寺，向主持释圆和尚诉说："我一心一意要学丹青，可至今没有找到一个满意的师傅，许多人都是徒有虚名，有的画技还不如我。"释圆听了淡淡一笑，要求其当场作画。

绘画者问画什么。释圆说："老僧平素最大的嗜好就是品茗饮茶，施主就为我画一把茶壶一个茶杯吧。"年轻人寥寥几笔就画完了。一把倾斜的茶壶正徐徐吐出一脉茶水来，源源不断地注入茶杯中，画得栩栩如生。

没想到，释圆说他画错了，应该把杯子布置在茶壶之上

173

才是。年轻人说，大师有没有搞错啊，哪有杯子往茶壶里注水的。释圆哈哈大笑："原来你懂得这个道理啊！你渴望自己的杯子里能够注入那些丹青高手的香茗，但你总是将自己的杯子放得比那些茶壶还要高，香茗怎么注入你的杯子里？涧谷把自己放低，才能得到一脉流水，人只有把自己放低，才能吸取别人的智慧和经验。"年轻人听后恍然大悟。

分析："涧谷把自己放低，才能得到一脉流水，人只有把自己放低，才能吸取别人的智慧和经验"，在这里巧妙地运用哲理点醒对方，做法非常高明，胜过种种说教。

"你渴望自己的杯子里能够注入那些丹青高手的香茗，但你总是将自己的杯子放得比那些茶壶还要高，香茗怎么注入你的杯子里？""虚心使人进步，骄傲使人落后"，道理上好理解，可以说人人都明白，可是实际生活中人们往往未必真正能够做到！

以生活中的哲理，让丹青爱好者感悟到，影响自己提高的障碍是不肯放低姿态，释圆大师一番话点到要害，催人警醒，堪称经典。

确定说服形式——忠告。站在对方的角度真诚地告诫。

确定说服主题——认清自己的不足之处，才能进步。"你渴望自己的杯子里能够注入那些丹青高手的香茗，但你总是将自己的杯子放得比那些茶壶还要高，香茗怎么注入你的杯子里？"

确定说服对象——丹青爱好者。

确定说服目标——放低自己，谦虚求教。

确定说服技法——一是"点到为止法"，高高在上，如何得到"一脉流水"；二是"打比方法"，杯子比做丹青爱好者，茶壶的"香茗"

比做人的智慧和经验。

确定说服语句——用语清新自然，富于哲理。

确定预期效果——"点醒梦中之人"。

营造说服氛围——当场作画。

2. 认同案例

### 《罗斯福巧说对立面》

背景：艰苦抗争，极端困难的情况下，为了维护美国的利益，加强美国的防务和打击德国法西斯，罗斯福下决心全力支持英国，满足英国的请求。为此，他和他的智囊团制定出《租借法案》，即美国愿意用贷款或租借的办法，给英国和被侵略国家提供武器和其他物资援助。1940年12月7日，罗斯福踌躇满志地出席记者招待会，为他刚刚拟就的《租借法案》造舆论，进而争取在国会通过。

"女士们，先生们！"罗斯福总统在介绍了《租借法案》以后，进一步阐明他的计划："假如我的邻居失火了，在四五百英尺以外，我有一截浇花园的水龙带，要是给邻居拿去接上水龙头，我就可能帮他把火灭掉，以免火势蔓延到我家里去。这时，我怎么办呢？我总不能在救火之前对他说：'朋友，这条管子我花了15元，你要照价付钱。'这时邻居刚好没钱，那么我该怎么办呢？我应当不要他15元钱，我只要他在灭火之后还我水龙带。要是火灭了，水龙带还好好的，那他就会连声道谢，原物奉还，假如他把水龙带弄坏了，他答应照赔不误的话，那我拿回来的是一副仍可用的浇园水管，那我就不吃亏。"罗斯福总统这番浅显易懂而又主题鲜明的话震惊四座，令他的支持者们兴高采烈，孤立主义者瞠目结舌，中间派纷纷转向罗斯福。

记者们问罗斯福总统："总统先生把浇园水管比作武器喽？"

"是的。"罗斯福说，"我是以此来阐述《租借法案》的原则。也就是说，如果你借出一定数量的武器，在战后得到归还，如果没有损坏，你就不吃亏，如果损坏，或者陈旧了或者干脆丢失了，只要借的人认赔，在我看来，你就没吃亏，就是这样！"

确定说服形式——认同。希望听众认同《租借法案》的观点和做法。

确定说服主题——《租借法案》的观点和做法是切合美国利益，有力支持反法西斯联盟。

确定说服对象——面对广大记者开展的说服工作。《租借法案》抽象枯燥，说条文，作解释，对大多数不知法案内情的记者们来说，不容易理解接受。就《租借法案》条文说事，难以达到说服的效果。如何让记者们认同支持，通过形象生动的语言阐述，把《租借法案》的立法精神和内容实质表达出来，是这次说服的关键点。

确定说服目标——争取《租借法案》在国会通过，全力支持英国和被法西斯蹂躏的国家。

说服技法运用——打比方法。把浇园水管比作武器。即："假如我的邻居失火了，在四五百英尺以外，我有一截浇花园的水龙带，要是给邻居拿去接上水龙头，我就可能帮他把火灭掉，以免火势蔓延到我家里去。这时，我怎么办呢？我总不能在救火之前对他说：'朋友，这条管子我花了15元，你要照价付钱。'这时邻居刚好没钱，那么我该怎么办呢？我应当不要他15元钱，我只要他在灭火之后还我水龙带。要是火灭了，水龙带还好好的，那他就会连声道谢，原物奉还，假如他把水龙带弄坏了，他答应照赔不误的话，那我拿回来的是一副仍可用的浇园水管，那我就不吃亏。"

组织说服语言——用生活中人们最熟悉的事情，以及最纯朴最容易理解的语句进行阐述说服。"假如他把水龙带弄坏了，他答应照赔不误的话，那我拿回来的是一副仍可用的浇园水管，那我就不吃亏"。把浇园水管比作武器，这种语言谁都能够听懂。

确定预期效果——反思盘点已经形成说服的初步方案。从确定形式、确定主题、确定对象、确定目标、技法运用、组织语言全过程，看看哪个环节做得不够好，是不是对推动《租借法案》通过起到实实在在的效果，还有什么问题？以便及时进行调整。

拿《租借法案》说事，往往会抽象枯燥，要说条文，作解释，大多数不知内情的人很难接受，难以被说服。再说，新闻发布会既定的时间也不容许长篇大论。根据主题，选择的"打比方法"对症下药，适合说服对象，技法、语言可行，是一个合理的通往目标的路径，能够承载起主题通达目标的功能。用形象的"浇园水管"进行说服，把事实通俗摆到公众面前，浅显易懂，会大大增强说服力，可能产生更佳的效果。

通过预期效果，证明选择运用此法，浅显易懂，主题鲜明，容易让人听得明白，能够描述意出《租借法案》的原则和精髓，有利于获得更加广泛同情和支持，此法的选择从形式到内容都比较合适，可以下决心使用。

营造说服氛围——用记者招待会的形式，首先让记者掌握《租借法案》的用意，再通过各自的媒体广泛宣传，得到社会和各界广泛的认同和支持，最终推动法案通过。

3. 求助案例

《求职信》

尊敬的张经理：

　　我是一名工商管理的大四学生，对贵公司市场助理职位特别感兴趣，希望能够从事这份工作。贵公司近年发展蒸蒸日上，前景十分看好，我愿成为其中的一员。

　　大学时间，我勤工俭学，主要负责图书馆的图书管理工作。这段时间，我阅读了大量国内外关于市场营销方面的书籍，对市场营销产生了浓厚兴趣，并有了一些学习体会和自己的见解，希望将来可以从事这方面的工作。

　　我愿意从贵公司的一名市场助理做起，向前辈学习，不怕苦、不怕累，不断在实践中学习充实自己，踏踏实实做好本职工作，为企业做出成绩和贡献。真诚希望您能考虑我请求。

　　最后，谢谢您百忙之中读完我的信件。期待您的面试，能够当面汇报交流关于市场营销方面的知识。再次致谢。

张晓萌
2016年6月6日

确定说服形式——求助。

确定说服主题——希望到贵公司工作。

确定说服对象——张经理。

确定说服目标——得到市场助理职位。

确定说服技法——直奔主题法。

确定说服语句——清晰、精炼。

确定说服效果——自己感到比较满意。

营造说服氛围——参加面试，多从自身考虑（参考第二章"掌握说服的常识"）。